W0404413

Liv Danthon Lefebvre

Préface de Nabil Thalmann

35 bonnes pratiques en UX design

LES FONDAMENTAUX DE LA PSYCHOLOGIE NUMÉRIQUE

2e édition

Éditions EYROLLES

Éditions Eyrolles
61, bd Saint-Germain
75240 Paris Cedex 05
www.editions-eyrolles.com

Depuis 1925, les éditions Eyrolles s'engagent en proposant des livres pour comprendre le monde, transmettre les savoirs et cultiver ses passions !
Pour continuer à accompagner toutes les générations à venir, nous travaillons de manière responsable, dans le respect de l'environnement. Nos imprimeurs sont ainsi choisis avec la plus grande attention, afin que nos ouvrages soient imprimés sur du papier issu de forêts gérées durablement. Nous veillons également à limiter le transport en privilégiant des imprimeurs locaux. Ainsi, 89 % de nos impressions se font en Europe, dont plus de la moitié en France.

 ISBN : 978-2-416-01024-8

Préface

Lorsque j'ai appris que Liv souhaitait écrire un livre sur les bonnes pratiques du design UX, j'ai exprimé une vive satisfaction à l'idée qu'une professionnelle de son profil, docteure et praticienne, s'attaque à cette thématique et alimente la maigre littérature francophone qui l'aborde de manière documentée.

Cette deuxième édition, que vous avez sous les yeux aujourd'hui, prouve l'intérêt que le contenu de ce livre a suscité auprès de la communauté UX, lors de sa sortie en 2019.

Cette nouvelle édition répond encore davantage aux interrogations d'un nombre toujours croissant de personnes qui sont perdues lorsqu'on parle d'UX. De par mon implication associative chez Flupa (association regroupant les professionnels francophones de l'UX) depuis 2013, je rencontre très souvent de nouveaux venus (mais pas seulement) qui souhaitent être guidés dans cet univers : sur les formations, les contenus à lire ou la manière de pratiquer ce métier au sein de leur entreprise. Il y a une demande extrêmement forte de bases solides sur lesquelles poser nos réflexions et développer notre travail d'accompagnement des entreprises à créer des expériences de qualité. Ces bases sont d'autant plus indispensables que le périmètre des métiers de l'UX est encore en évolution et que la réalité des exigences de cette démarche est bien souvent incomprise (rappelons les mentions « UX » qui ont fleuri sur les profils LinkedIn, le fameux *« UX embellishment of job title »*).

Cet ouvrage articule de manière pertinente les savoirs théoriques et les exemples pratiques. En effet, chaque fiche vous montre comment appliquer concrètement la connaissance expliquée juste avant. Cette association intelligente entre la théorie et les exemples rend le contenu efficace, suscite l'intérêt des lecteurs et, surtout, aide ces derniers à s'approprier le mieux possible et à appliquer dans leur travail quotidien les grands principes de fonctionnement de la cognition et de ses ressorts psychologiques. À ce sujet, plusieurs exercices vous aideront à vous rendre compte de tel ou tel aspect cognitif de l'être humain.

Vous trouverez aussi différents niveaux d'approfondissement selon l'état de vos connaissances ou de vos projets en cours.

Ce livre met des mots sur de simples intuitions que l'on pourrait avoir ou sur des notions qui n'ont jamais été finalement validées par autre chose qu'une constatation personnelle. Le vocabulaire est suffisamment compréhensible pour être abordable par beaucoup, mais suffisamment exigeant avec lui-même pour présenter les notions telles qu'elles ont été analysées par les spécialistes. Ce pont est indispensable pour aller plus loin si on le souhaite.

Cette édition propose un tour complet de toutes les facettes à prendre en compte lorsqu'on conçoit une expérience et des dispositifs numériques (mais pas uniquement) : non seulement les règles de base ergonomiques et de mise en scène de l'information et de fonctionnalités, mais aussi le *storytelling*, la manière de susciter l'engagement, la surprise et les émotions, la manière d'exploiter la *gamification*, le principe de réciprocité ou de la preuve sociale, le modèle mental, l'arc dramatique, etc. Il s'agit de sortir de la simple interface pour prendre en compte les autres éléments de l'expérience qu'on souhaite proposer.

En rappelant que l'on conçoit pour une cible en particulier, pour l'humain en général, cet ouvrage permet de vous poser les bonnes questions à chaque fois que vous voulez proposer un service ou un produit. Selon quels critères l'expérience sera-t-elle appréciée ? Quelles sont les attentes des utilisateurs ? Quels sont les besoins à combler ? Quelles sont les pratiques actuelles à améliorer ?

Au niveau de la forme, vous saurez apprécier une articulation rythmée et pertinente de différents types de contenus dans chaque chapitre : la théorie, comment l'appliquer, un résumé à retenir, en savoir plus, une bibliographie pointant les sources scientifiques et académiques expliquant tel ou tel phénomène ou comportement.

Enfin, l'originalité à signaler est que Liv donne la parole à d'autres professionnels, qui apportent leur expertise et enrichissent cette deuxième édition. À ce sujet, plusieurs focus sont faits sur l'écoconception afin d'affirmer à nouveau l'attention particulière que tout bon professionnel doit porter sur les enjeux environnementaux actuels.

On ne peut que se féliciter que les éditions Eyrolles aient vu l'intérêt de cet ouvrage à un moment où les professionnels de l'UX ont encore besoin de repères. En voilà un nouveau.

Bonne lecture.

Nabil Thalmann
User researcher chez Intuiti
et président de Flupa

Table des matières

Chapitre 3
Offrez un design compréhensible ... 53

Avant-propos

POURQUOI CE LIVRE ?

Le numérique a massivement bouleversé nos vies ces vingt dernières années. Nous faisons toutes nos démarches administratives depuis notre canapé. Nous avons accès à des contenus et connaissances illimités, sur des sujets plus spécifiques les uns que les autres. Nous pouvons échanger et collaborer avec des personnes situées à l'autre bout de la planète.

Néanmoins, pour qu'une expérience soit positivement marquante, elle doit être bien pensée en amont. Cela demande de réfléchir à un ensemble d'éléments : parcours utilisateur, architecture de l'information, composition des interfaces, présentation des éléments d'action, textes...

Il y a là un enjeu hautement stratégique dans la réussite des projets numériques. En considérant les choses avec plus de recul, ces enjeux sont bien plus importants. Ils affectent la manière dont on agit dans le monde et ce que nous devenons.

Une expérience bien conçue peut changer la vie.

Le design UX, ce n'est pas juste composer de belles interfaces ou permettre à l'utilisateur de réaliser sa tâche avec fluidité, mais c'est l'accompagner au plus proche, provoquer un réel engagement de sa part. C'est notre métier, à nous designers d'expérience.

Une expérience doit changer concrètement la vie des utilisateurs. Pour cela, elle se doit d'être engageante, impactante et séduisante. Ainsi, il me semble essentiel de maîtriser certains concepts de psychologie numérique, c'est-à-dire des processus cognitifs en jeu chez les utilisateurs qui vont affecter leur compréhension, leur mémorisation, leurs actions et leur satisfaction. Ce livre se veut un basique pour aborder ces concepts.

Lorsque mon éditeur m'a proposé une nouvelle édition, j'ai voulu enrichir la première version avec des exemples supplémentaires et rendre encore plus accessible la transmission de ces connaissances si importantes. De plus, j'ai surtout souhaité inviter d'autres professionnels pour parler de sujets qui leur tenait à cœur.

Ainsi, avec Quentin Kuntzmann, nous avons réécrit la fiche numéro 3 intitulée « Utilisez les animations à bon escient ». Carole Laimay m'a proposé une thématique qui manquait à la première édition du livre. C'est ainsi que la fiche « Évitez la surcharge cognitive » a vu le jour et a pris la onzième position dans le sommaire. Quant à Corinne Leulier, elle ne s'est pas contentée de me proposer une fiche passionnante et très pratique sur l'écoconception (fiche n° 20), mais a également enrichi d'autres fiches en ajoutant des encadrés au fil de cet ouvrage. Et pour finir en beauté, Alexandre Duarte a permis d'améliorer considérablement la fiche 34 sur la gamification.

Je suis très honorée qu'ils aient accepté tout de suite cette collaboration. Mon seul regret est de n'avoir dû me contenter que de ces quatre contributions. Il y a tant de personnes avec lesquelles j'aimerais travailler... Quoi qu'il en soit, ce projet a ouvert une porte sur la collaboration entre professionnels que je n'ai pas envie de refermer. Cette expérience appellera sûrement d'autres projets collectifs sous diverses formes. Affaire à suivre...

VOUS AVEZ DIT « DESIGN UX » ?

Lorsque j'ai débuté ce métier, nous parlions de conception centrée utilisateur, d'ergonomie IHM ou encore de psychologie ergonomique. Aujourd'hui, le terme design UX a pris de l'essor, à tel point que certains en oublient l'origine francophone du courant. Il s'agit bien de « psychologues cognitivistes » ou « d'ergonomes » qui, les premiers, ont posé les bases des outils et de la théorie du design UX telle qu'elle est développée en France.

Dans ce paysage, on trouve également les designers qui, peu à peu, ont su élargir leurs champs d'application du design produit au design interactif. D'ailleurs, ergonomie et design sont, selon moi, deux disciplines proches, complémentaires et qui s'enrichissent mutuellement.

Toutefois, pour une définition du terme, je laisserai la parole à Don Norman, célèbre auteur de l'ouvrage *The design of everyday things*. Il nous livre ici une définition peu conventionnelle, mais savoureuse et qui me convient bien, du design UX :

« Aujourd'hui, ce terme est très mal utilisé. Les gens disent "Je suis designer UX, je fais des sites web, des applications". Ils ne connaissent rien à rien. Ils confondent une expérience avec un simple appareil : un site web, une application, ou dieu sait quoi.

Non, c'est bien plus large !

C'est votre façon de percevoir le monde, de percevoir la vie, de percevoir un service ou bien, oui en effet, une application ou un système informatique. Mais c'est le système qui fait tout ! »

Vidéo YouTube par Don Norman : « Le terme design UX »

Vous comprenez donc aisément pourquoi nous avons besoin de bases en psychologie pour comprendre les utilisateurs et donc concevoir pour eux les meilleurs services.

MON PARCOURS PROFESSIONNEL

En 2023, date de publication de cette deuxième édition, je fêterai mes vingt ans d'expérience professionnelle. Je ne vais pas décrire ici l'ensemble de mon parcours professionnel ; vous retrouverez cela dans des vidéos sur ma chaîne YouTube « Psychologie numérique ». Simplement, je souhaitais vous expliquer d'où je viens.

Si j'ai à cœur de vous livrer aujourd'hui un ouvrage traitant des mécanismes psychologiques pour le design d'expérience, c'est qu'ils sont à la base de ma formation, tout comme pour d'autres « dinosaures » de la profession (qu'ils me pardonnent ce qualificatif).

Parmi mes expériences professionnelles, il y a d'abord eu la recherche. J'ai démarré l'étude de la psychologie numérique dans le laboratoire de l'université Rennes 2 en 2003. Par passion pour ce domaine, j'ai ensuite soutenu une thèse au laboratoire de Réalité Virtuelle et Augmentée de France Telecom Recherche et Développement. J'y ai étudié la collaboration à distance. J'ai également travaillé à Télécom Paris Tech. Actuellement, je suis dans les laboratoires de l'École des Mines, sur l'apprentissage de la prise de parole en public, encore dans un labo de Réalité Virtuelle. La boucle est bouclée.

Entre-temps, j'ai eu beaucoup d'autres expériences professionnelles. J'ai longtemps travaillé comme designer UX en tant que salariée chef d'équipe ou indépendante. Mes commanditaires sont des éditeurs logiciels principalement, dans de nombreux domaines : RH, santé, transports...

Depuis vingt ans, je transmets également mes connaissances. Cela a toujours été important pour moi de contribuer à faire vivre les connaissances de notre domaine. J'anime donc des formations, des cours, j'ai une chaîne YouTube et j'ai écrit plusieurs ouvrages.

Ce qui fait le liant entre toutes mes expériences, c'est mon goût pour l'établissement de ponts entre la recherche, la théorie et le savoir pratique, applicable de manière pragmatique. Les travaux scientifiques qui ne sont pas confrontés à la réalité du terrain ne valent pas grand-chose. Inversement, une connaissance qui ne serait pas validée grâce à une démarche scientifique ne serait finalement qu'une croyance, aussi pertinente semble-t-elle.

Dans ce livre, j'ai cherché à compiler des connaissances théoriques sur le fonctionnement humain et les travaux scientifiques actuels pour vous proposer un regard neuf sur le design UX. J'espère avoir rempli cet objectif.

QUE VA VOUS APPORTER CE LIVRE ?

Vivre une expérience, c'est interagir avec le monde. En design UX, nous nous intéressons à l'expérience. Au-delà de l'utilité d'une application, d'un site ou de tout autre service, il y aura toujours un contexte d'usage, un environnement physique et social, un lien avec les représentations symboliques de soi et du monde.

Ce qui importe, c'est de proposer une expérience réellement pertinente, spécifique pour vos utilisateurs, d'anticiper leurs attentes, leurs désirs, leurs usages avant même qu'ils ne les expriment.

Il ne s'agit donc pas d'appliquer simplement de « bonnes recettes » qui fonctionneraient pour tous les contextes, tous les environnements ou pour tous les utilisateurs. Au contraire, une expérience est toujours singulière, d'où la difficulté de proposer un design qui « fonctionne ». Il s'agit donc plus d'une alchimie que d'une science exacte. Toutefois, cette alchimie sera plus facile à concevoir si vous avez des bases en sciences humaines, et notamment en psychologie, c'est-à-dire en science du comportement, la science de l'expérience par essence.

J'enseigne en école supérieure et ce que j'essaye de transmettre à mes élèves doit leur être utile, non seulement à la sortie de l'école, mais également dans vingt ans. Or, qui peut savoir quels seront les principes fondateurs du design UX dans vingt ans ?

Personne.

En revanche, nous humains ne changeons pas, ou très peu. Dans vingt ans, nous aurons toujours les mêmes manières de percevoir notre environnement, de raisonner, de mémoriser et nous serons sensibles aux mêmes biais cognitifs qu'aujourd'hui.

Ainsi, j'ai voulu que cet ouvrage expose ce qui fait l'essence du fonctionnement cognitif et émotionnel humain. Dans vingt ans ou plus, au-delà des principes actuels, les lecteurs pourront extrapoler les principes du design UX de demain.

À partir d'expériences scientifiques passionnantes, étonnantes ou contre-intuitives *a priori*, vous renforcerez vos bonnes pratiques. Mieux comprendre les comportements humains permet de devenir meilleur designer UX aujourd'hui, mais aussi demain, peu importent les modes, peu importent les technologies. Vous aurez toujours un coup d'avance si vous maîtrisez les ressorts psychologiques du design d'expérience.

À QUI S'ADRESSE CE LIVRE ?

Vous cherchez à proposer la meilleure expérience possible à vos utilisateurs, usagers ou clients ?

Que vous soyez designer UX, responsable innovation, responsable produit et marketing, chef d'entreprise du numérique, développeur ou chargé de clientèle, ce livre vous apportera une grille d'analyse pour votre travail de conception et des pistes pour élargir votre palette de solutions.

COMMENT LIRE CE LIVRE ?

J'ai structuré ce livre pour que vous puissiez le lire comme un document interactif.

Vous pouvez picorer l'information au gré de vos envies, ou alors lire cet ouvrage du début jusqu'à la fin, comme un roman.

Je vous présente 35 fiches. Pour chacune d'elles, l'information est résumée dans la rubrique « À retenir ». Lisez-en davantage en consultant les rubriques « La théorie » et « Comment l'appliquer ? ». Si vous souhaitez aller encore plus loin, consultez les documents que je vous indique dans les sections « Bibliographie » et « En savoir plus ». La bibliographie comporte les références dont je parle dans la fiche et la section « En savoir plus » en conseille d'autres, pour aller plus loin.

J'ai conçu ce livre autour d'une trame logique en trois parties, correspondant à trois étapes du design :

1. Proposez un design attractif : *la base*.

   Proposer un design attractif, c'est d'abord être clair. Pour donner envie aux utilisateurs de lire, explorer et comprendre, vous devez dans un premier temps délivrer un message limpide, organiser vos écrans pour guider le regard et vous adapter aux raisonnements de vos utilisateurs.

2. Créez un impact : *le perfectionnement*.

   Ensuite, il s'agit de créer un impact, c'est-à-dire de laisser une trace. Comment construire cette expérience pour susciter le plus d'impact ? En comprenant mieux comment fonctionnent l'attention, la mémoire et ce qui les stimule, vous serez à même de proposer une expérience plus percutante et mémorable. Soyez captivant, pour devenir inoubliable...

3. Remportez l'adhésion : *le Graal !*

   Vous savez maintenant proposer un design attractif et créer un impact ; il ne vous reste plus qu'à remporter l'adhésion chez vos utilisateurs. Rien n'est plus facile en suivant quelques principes : humanisez vos interfaces pour créer l'émotion, engagez vos utilisateurs et devenez plus persuasif pour les embarquer définitivement avec vous.

J'ai beaucoup aimé écrire ce livre et j'espère que vous prendrez plaisir à le lire également. J'ai eu à cœur d'apporter des améliorations à l'édition précédente. J'ai voulu qu'il vous apporte des conseils pratiques et applicables dès maintenant, tout en expliquant en profondeur les mécanismes psychologiques qui sous-tendent ces principes de conception.

Que vous préfériez picorer ou lire du début jusqu'à la fin, je vous souhaite une excellente lecture !

REMERCIEMENTS

Tout d'abord, je tiens à remercier mes lecteurs de la première édition. Sans votre adhésion à mon projet, il n'y aurait pas eu cette seconde édition.

Merci à mon éditeur Alexandre Habian d'avoir soutenu mon projet et renouvelé sa confiance.

Je suis honorée que Nabil Thalmann ait tout de suite accepté de préfacer mon ouvrage pour la première édition et ait été enthousiaste de lire le manuscrit de cette présente édition afin de réécrire la préface. Nabil a apporté tout le sérieux et le professionnalisme qu'on lui connaît à ce projet. Je voudrais ici lui témoigner ma gratitude, ainsi que mon amitié.

Je remercie mes proches, avec en première ligne mon cher mari qui m'a soutenu depuis le début de ce projet et Charlotte Marty qui a eu la gentillesse de me suggérer des pistes d'amélioration pour cette nouvelle édition.

Ce sont mes clients, les personnes que j'accompagne en formation et mes élèves qui me permettent de remettre en mouvement sans cesse mes connaissances. Je ne les remercierai jamais assez pour cela.

Et enfin, merci à vous, chers lecteurs, de m'accorder à nouveau votre confiance et de plonger dans la lecture de ce livre. J'espère que vous serez séduit par son design attractif, qu'il créera un impact sur vous et votre pratique, et qu'il remportera votre adhésion.

Alors, installez-vous confortablement, et… bonne lecture !

Partie 1

PROPOSEZ un design attractif

Proposer un design attractif, c'est d'abord être clair. Pour donner envie aux utilisateurs de lire, explorer et comprendre vos contenus, vous devez dans un premier temps délivrer un message limpide, organiser vos écrans pour guider le regard et vous adapter aux raisonnements de vos utilisateurs.

1 Organisez vos écrans

Une place pour chaque chose et chaque chose à sa place. Des écrans bien rangés vous garantiront une lecture et une compréhension fluide de vos interfaces. Encore faut-il connaître le fonctionnement cognitif de vos utilisateurs pour savoir où ranger les informations que vous mettez à leur disposition.

DANS CE CHAPITRE

FICHE #1
GUIDEZ LE REGARD DE VOS UTILISATEURS

La théorie

L'ensemble est plus grand que la somme des parties

Voilà le postulat de base de la théorie de la Gestalt. Celle-ci propose un ensemble de principes pour mieux comprendre comment le cerveau perçoit les formes.

Les éléments ne sont pas simplement perçus comme juxtaposés, mais sont compris dans leur ensemble. Je vous présente ici quelques principes qui vous aideront à guider le regard de vos utilisateurs.

La loi de la bonne forme

Tout d'abord, la loi de la bonne forme postule que notre cerveau est fait pour *créer du sens*. Ainsi, un ensemble d'éléments sans forme, tend *a priori* à être interprété comme une forme. Par exemple, nous voyons des formes dans les nuages. Et notamment des visages car nos cerveaux sont champions dans la reconnaissance des visages humains.

La loi de la proximité

La loi de la proximité, quant à elle, propose que les éléments proches les uns des autres ont tendance à *être associés et perçus comme un ensemble*.

Dans l'exemple suivant, nous regroupons les points les plus proches et nous les associons comme un même groupe. Ainsi, nous voyons ici trois groupes distincts.

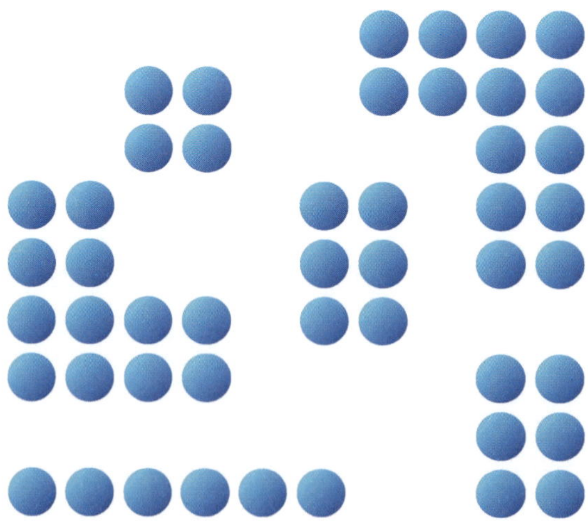

Figure 1-1 Illustration de la loi de proximité

La loi de similarité

Enfin, la loi de similarité met en évidence que des éléments visuellement similaires les uns aux autres sont automatiquement associés.

Dans la figure suivante, nous repérons tout de suite les éléments de couleur similaire en les regroupant ensemble. Cela peut concerner des couleurs, des formes, des mouvements, etc.

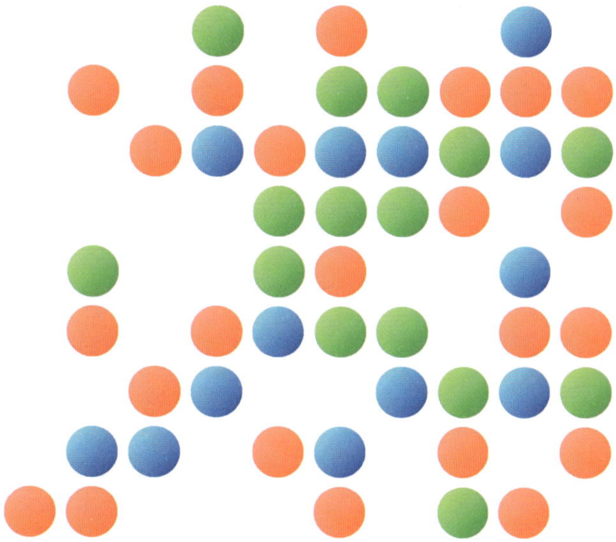

Figure 1-2 Illustration de la loi de similarité

Comment l'appliquer ?

Lorsque l'utilisateur arrive sur une page (site, logiciel, appli mobile), il *scanne* en une demi-seconde l'ensemble de la page sans s'attarder sur chacun des éléments qui la composent. Il en déduit une *organisation générale* d'un écran et interprète l'ensemble.

Notamment, la complexité visuelle compte énormément dans l'attraction pour un site. Elle n'est pas tant liée au nombre d'informations qu'à la manière dont elles sont rangées. Plus rapidement l'utilisateur percevra la structure de la page, plus il la trouvera attractive.

Il va par exemple constater qu'il existe des « blocs » d'information, qu'il identifiera comme des unités d'information, comme dans l'exemple de la une du *New York Times* (figure 1-3). La manière dont les écrans sont conçus va orienter l'œil de l'utilisateur. L'ensemble de ce que vous allez présenter sur un écran va guider, ou au contraire, disperser le regard.

Avant même de commencer à lire les intitulés comme les titres, le menu ou les boutons, c'est la structure des informations qui constitue la 1re étape de compréhension (menu, textes, images).

Ce sont des éléments relatifs à la proximité et à la similarité qui permettent de les regrouper.

Les unes de presse en ligne

Regardons d'un peu plus près comment la presse présente ses informations à la une. L'exercice est périlleux : proposer un maximum d'informations à lire, tout en guidant le regard des utilisateurs. Il ne faut pas noyer le lecteur sous trop d'informations simultanément mais, en même temps, son regard doit rapidement se poser sur une qui lui donnera envie de lire l'article.

Figure 1-3
Source : nytimes.com

Sur la une du *New York Times* en ligne (figure 1-3), il est présenté une grande complexité de fenêtres, d'images, de textes différents. Pourtant, l'utilisateur arrive à se situer en identifiant les « blocs » d'information :

- le titre à la une, avec l'accès à différents articles sur le même thème ;
- de gros blocs d'informations sur la colonne de gauche, qui contiennent chacun une courte description de l'événement décrit ainsi que des liens vers plusieurs articles sur le même sujet ;
- blocs de texte plus courts dans la colonne de droite ;

Figure 1-4 Titre du New York Times

Vous constaterez que l'information est rangée de manière à ce que l'œil puisse circuler.

Il est important d'apporter un soin particulier à la manière dont les éléments présentés sur vos pages sont rangés.

Pour cela, regroupez visuellement les éléments par thématique : agenda, notifications, articles, etc. ou bien science, histoire par exemple.

Regroupez les éléments à assembler par proximité visuelle (similarité de couleur et de forme) et éloignez-les des autres éléments. Ajouter des marges pour éloigner les éléments et ainsi créer des « blocs » d'information.

Figure 1-5 Détail de la une du New York Times constituant un bloc d'information

Si vous apportez un soin particulier à la circulation de l'œil de vos utilisateurs, ces derniers comprendront mieux l'organisation d'ensemble de votre page et s'y orienteront plus facilement. De plus, ils la considéreront comme plus attractive et plus professionnelle.

À retenir

- Lorsqu'ils arrivent sur une page, les utilisateurs la scannent et en déduisent une organisation des informations qu'ils vont interpréter.
- Organisez vos informations par grands groupes qui ont du sens. Aidez vos utilisateurs à bien les identifier en rapprochant visuellement les éléments qui vont ensemble (couleur, taille, forme) et en laissant une marge avec les autres éléments.

En savoir plus

- Boucher, A. (2020). « Organiser l'information et les interactions ». *In Ergonomie web & UX Design. Pour une conception centrée utilisateur* (pp. 273)
- Reinecke, K., Yeh, T., Miratrix, L., Mardiko, R., Zhao, Y., Liu, J. & Gajos, K. Z. (avril 2013). « Predicting users' first impressions of website aesthetics with a quantification of perceived visual complexity and colorfulness ». *In Proceedings of the SIGCHI conference on human factors in computing systems* (pp. 2049-2058)

FICHE #2
RANGEZ VOS CATÉGORIES D'INFORMATION COMME EN MÉMOIRE

La théorie

Savoir comment ranger les informations dans un site, une application ou un logiciel n'est pas toujours simple. Comment faire en sorte que vos utilisateurs trouvent facilement l'information voulue ? Comment leur éviter de tourner en rond inutilement ou, pire, de quitter le service ?

Connaître la manière dont les informations sont rangées dans le cerveau va vous permettre de proposer une organisation plus pertinente des informations pour votre propre service.

Organisation des informations en mémoire

Nous emmagasinons une immense quantité d'informations, allant de l'odeur du gâteau que nous préparait notre grand-mère à la définition d'un triangle isocèle.

Comment ces informations sont-elles organisées en mémoire ?

Pour réussir à puiser rapidement parmi toutes ces données, il nous faut un système de rangement à toute épreuve.

La théorie de Collins & Quillian (1969) propose que les informations sont organisées dans le cerveau de manière hiérarchique.

Par exemple, le concept du **saumon** est rangé sous celui de **poisson**, qui lui-même est rangé sous celui d'**animal**. Chaque concept est associé à des propriétés ou attributs : un animal est mobile, un poisson a des nageoires, un saumon remonte les rivières (figure 1-6). C'est comme cela que l'enfant découvre le monde et se le représente petit à petit.

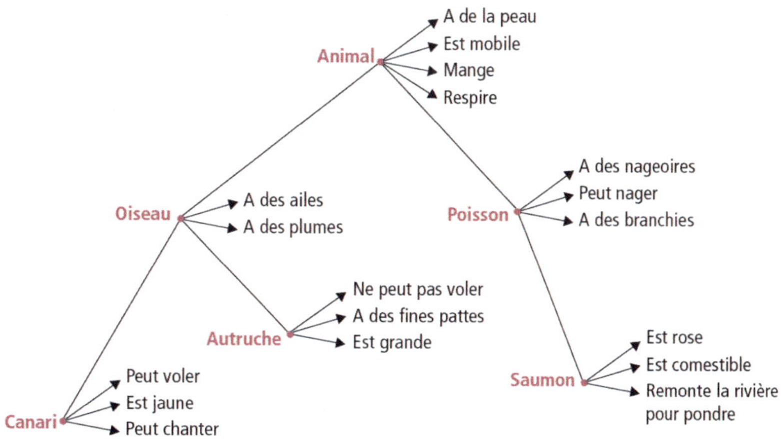

Figure 1-6 Organisation de nœuds conceptuels en mémoire
Source : Billard, G. (2007), *Activation et intégration multimodales en mémoire à long terme* (doctorat, Lyon 2)

Notre mémoire est donc composée de **nœuds conceptuels** reliés ensemble par des liens de propriétés communes : un animal est mobile, il mange, il respire...

Comment l'appliquer ?

Pour simplifier vos écrans, mais aussi la navigation, il n'y a rien de tel que de s'appuyer sur la manière dont vos utilisateurs rangent leurs informations en mémoire.

Proposez donc une organisation visuelle de vos pages regroupant les éléments qui vont ensemble pour vos utilisateurs, c'est-à-dire des informations qui sont stockées au même endroit en mémoire (comme **saumon** et **truite**). Cela les aidera à mieux se repérer et s'orienter sur votre site.

Sur un site marchand, classez vos produits en fonction de catégories plus générales. Sur un site de bibliothèque, présentez des ouvrages rangés par grandes classes, comme **romans**, **manuels scolaires**, **beaux-arts**, etc.

Quant à l'utilisateur, il va se créer des hypothèses pour rechercher l'information qui l'intéresse. Par exemple, je cherche un abat-jour pour mon salon sur un site de vente de mobilier et décoration. Si le site propose des catégories par type d'équipement, je me rendrai dans le menu **Luminaires** pour trouver le produit qui me convient. Si le site propose plutôt des catégories selon les pièces de la maison, j'irai le chercher dans **Salon ou Séjour**. Il y a plusieurs entrées qui me mènent à mon abat-jour de salon.

Les utilisateurs vont donc chercher les informations par proximité sémantique dans leur mémoire, qui est organisée de manière hiérarchique par nœuds conceptuels ayant des relations de propriétés ou d'attributs entre eux.

Vous noterez que l'organisation des nœuds conceptuels en mémoire dépend de notre représentation du monde. Elle varie donc en fonction de notre culture, mais aussi de notre métier, de nos habitudes, etc.

Je vais vous présenter quelques exemples de rangement de produits dans des sites marchands. Vous verrez qu'il n'y a pas de règle universelle et que chaque enseigne propose des rangements différents. L'important est que ça paraisse logique pour les utilisateurs.

Accès aux informations par le menu

Ici, dans cet exemple de la CAMIF, le choix des catégories n'a pas été tranché entre les pièces de la maison et le type de mobilier, mais avec une logique mixte. Par exemple, la catégorie **literie** se retrouve à la fois dans le menu principal, mais également dans la catégorie **chambre**.

IKEA propose aux utilisateurs de choisir eux-mêmes le type de rangement qui leur convient : on peut effectuer une recherche par produit, ou bien par pièce de vie. Il est à noter que les magasins de l'enseigne sont organisés également selon cette double entrée. Vous avez en effet des pièces aménagées avec leurs produits et, par ailleurs, des rayons avec uniquement des chaises, ou des étagères.

Figure 1-7 Menu du site CAMIF permettant d'accéder aux produits
Source : camif.fr

Figure 1-8 Menu du site IKEA permettant d'accéder aux produits
Source : ikea.com

L'enseigne IKEA a fait ce choix pour plusieurs raisons. Tout d'abord, elle propose une impressionnante quantité de produits. Ensuite, elle s'adresse à un public très large avec des attentes très différentes.

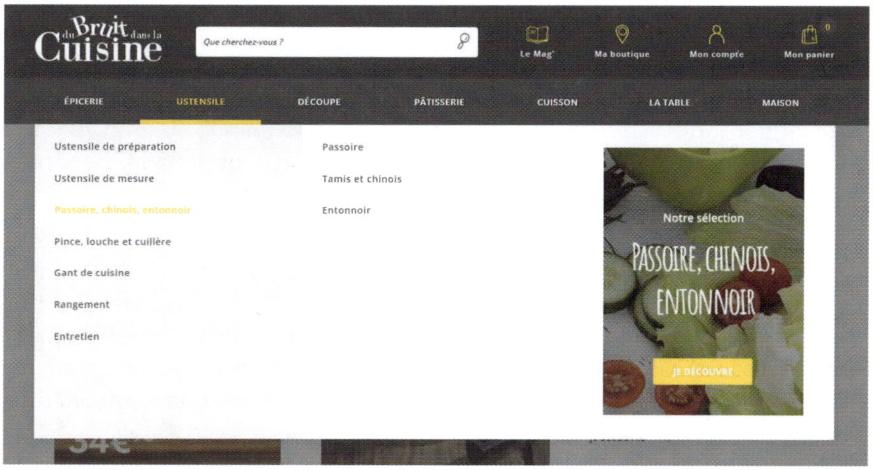

Figure 1-9 Menu du site Du bruit dans la cuisine
Source : dubruitdanslacuisine.fr/

Sur le site dubruitdanslacuisine.fr, on propose un découpage mixte également. Le menu propose un rangement hétéroclite :

- par type de mets préparé : **pâtisserie** ;
- par type d'action sur les ingrédients : **découpe** et **cuisson** ;
- ce qui est autour de la cuisine : **la table** et **maison** ;
- deux catégories pour le reste : **épicerie** et **ustensile**.

Il est à noter qu'un moule pour pâtisserie par exemple peut se retrouver dans trois catégories : **pâtisserie**, **ustensile** et **cuisson**. Cela n'a pas vraiment d'importance pour l'utilisateur. Ce qui importe, c'est qu'il trouve ce qu'il cherche, rapidement et sans se perdre.

Ainsi, vous n'avez pas besoin de trouver des catégories exclusives les unes des autres, mais plutôt celles qui vont « parler » à vos utilisateurs.

Proposez à vos utilisateurs de ranger eux-mêmes les informations

Ainsi, lorsque vous devez organiser vos produits ou informations, essayez d'identifier comment les concepts de vos utilisateurs cibles sont rangés en mémoire.

Pour cela, replacez leur visite sur votre site dans un contexte plus large. Pour quelles raisons viennent-ils sur votre site ou application ?

Le site tourisme-tarn.com l'a bien compris. En fonction du type de séjour, il propose des offres touristiques différentes. En effet, lors d'un séjour en famille ou en amoureux, on n'aura pas les mêmes contraintes et envies. De la même manière, si nous sommes amateurs de nature ou plutôt de patrimoine, le site nous orientera de manière différente. N'est-ce pas plus engageant qu'une liste de sites à visiter ?

Figure 1-10 Rangement des catégories d'offres touristiques du site Tourisme Tarn
Source : tourisme-tarn.com/sejour/offres-sejours/

Pour ranger vos catégories d'information comme en mémoire, vous pouvez aussi utiliser le **tri de cartes**. Il s'agit d'une méthodologie simple à mettre en œuvre. Les « cartes » correspondent aux catégories que vous souhaitez ranger.

Reprenons l'exemple des offres touristiques : **visite d'une église**, **balade à cheval**, **pause gourmande à la ferme**... Indiquez chaque offre sur un *post-it* ou une petite feuille et demandez à vos utilisateurs de créer des catégories, auxquelles ils donneront un nom. Ainsi, un utilisateur A créera **séjour en amoureux** et **séjour en famille**, tandis qu'un utilisateur B choisira **gastronomie** et **nature**...

Le rangement des catégories est tout à fait subjectif, et c'est tant mieux puisque c'est ce que vous recherchez.

Fort des représentations en mémoire de vos utilisateurs cibles, vous pourrez ensuite ranger vos éléments dans des catégories réellement pertinentes.

À retenir

- Les informations en mémoire sont organisées sous forme de concepts classés de manière hiérarchique selon des propriétés ou attributs qui font sens pour les utilisateurs.
- Un concept est accessible via plusieurs chemins (pour **abat-jour**, je peux chercher à **Salon** ou **Luminaire**).
- L'organisation des nœuds conceptuels en mémoire varie en fonction de notre culture, mais aussi de notre métier, de nos habitudes, etc.
- Identifiez la manière dont les informations sont organisées en mémoire pour vos utilisateurs cibles en utilisant la méthode du tri de cartes.

Le saviez-vous ?

Comment savoir si une personne est raciste ou possède des stéréotypes de genre ? Un test d'association implicite vous aidera à détecter chez une personne si le nœud conceptuel **cuisine** est plus souvent associé à une femme et **bricolage** à un homme.

Ces tests cherchent à détecter comment les concepts sont associés en mémoire et donc à savoir si les stéréotypes sont ancrés chez une personne spécifique.

Prenons l'exemple des stéréotypes liés à l'âge. Une personne est face à un écran et on lui projette des photos de personnes jeunes ou âgées, ainsi que des qualificatifs positifs (joie, amour, paix) ou négatifs (douleur, épouvantable, horrible). Le test démarre.

Premier temps : le participant doit identifier à qui appartient le visage (jeune ou vieux) en appuyant sur une touche du clavier, soit à droite, soit à gauche. Ensuite, il doit associer, toujours à l'aide des touches du clavier, un mot avec le concept soit de bon, soit de mauvais.

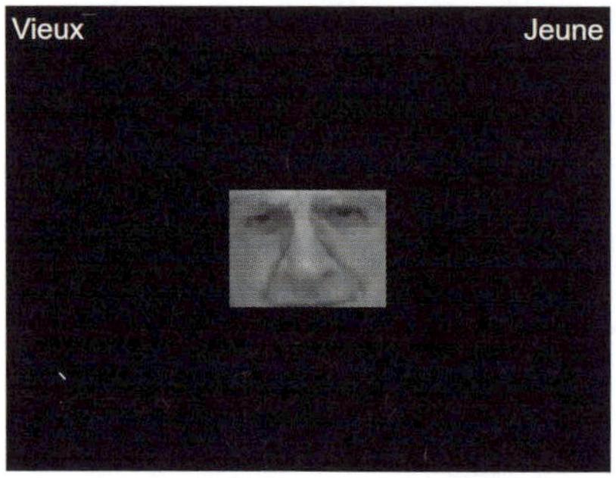

Second temps : on associe jeune avec soit bon soit mauvais et, à l'inverse, vieux avec mauvais ou bon. Le participant devra alors, le plus rapidement possible, associer les mots ou les visages avec un des couples : « jeune ou bon » versus « vieux ou mauvais », ou alors « jeune ou mauvais » versus « vieux ou bon ».

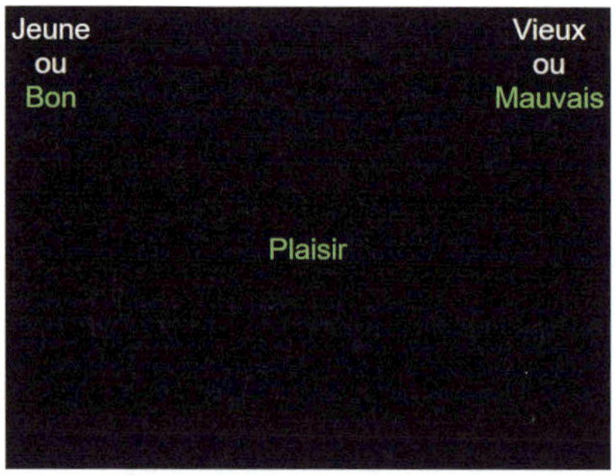

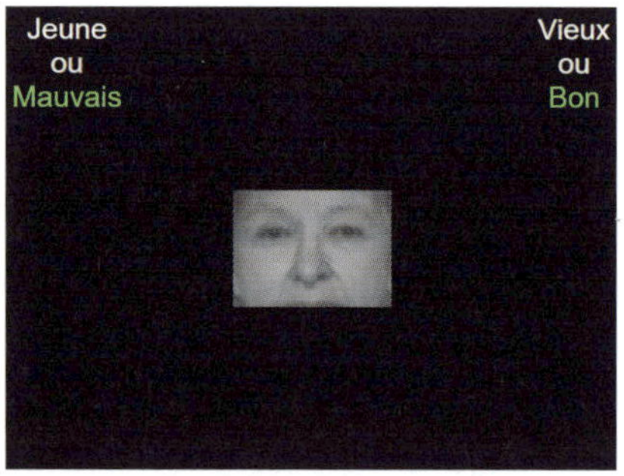

Si la personne met moins de temps à associer vieux et mauvais que vieux et bon, c'est qu'elle entretient un stéréotype négatif lié à l'âge.

Vous pouvez remplacer **vieux-jeune** par **homme-femme**, **blanc-noir**, **mince-obèse**, etc. Ainsi, au-delà des conventions sociales qui incitent à ne pas exposer ses préjugés racistes ou sexistes par exemple, ces tests détectent les associations de concepts en mémoire pour vérifier leur lien.

Le lien suivant vous indiquera si vous êtes sensible aux stéréotypes (poids, âge, pays, orientation sexuelle) : https://implicit.harvard.edu/implicit/france/.

Oserez-vous vérifier ?

Bibliographie

- Collins, A. M. & Quillian, M. R. (1969). *Retrieval time from semantic memory.* Journal of Verbal Learning and Verbal Behavior, 8(2), pp. 240-247.
  http://doi.org/10.1016/S0022-5371(69)80069-1
- Traduit dans Nicolas, S. & Piolino, M. P. (2010). *Anthologie de psychologie cognitive de la mémoire : fonctionnalisme et structuralisme.* Bruxelles, De Boeck Supérieur.

En savoir plus

- Lallemand, C. & Gronier, G. (2018). *Méthodes de design UX : 30 méthodes fondamentales pour concevoir et évaluer les systèmes interactifs.* 2e édition, Éditions Eyrolles.
- Tests d'association implicite proposés par l'université Harvard, en français. https://implicit.harvard.edu/implicit/france/

FICHE #3
UTILISEZ LES ANIMATIONS À BON ESCIENT

Fiche co-écrite avec **Quentin Kuntzmann**

La théorie

Pour mieux comprendre comment utiliser les animations, attardons-nous quelques instants sur la façon dont fonctionne notre système visuel. En effet, notre vision est « fabriquée » par notre cerveau et dépend de la manière dont fonctionne notre capteur visuel : l'œil.

En bref, nos yeux ne voient pas réellement ; ils ne font « que » traduire la lumière en influx nerveux qui sont ensuite décodés par le cerveau, lequel va construire une représentation de votre vision.

Avant de continuer, prenez quelques secondes pour regarder autour de vous.

À quel point ce que vous observez vous paraît net et cohérent ? Si je vous disais que plus de 90 % de ce que vous venez de regarder était flou ?

Faites les tests suivants

Vision floue, vision nette

Tendez votre bras face à vous avec le pouce en l'air.

Votre vision nette ne représente que la zone de la première phalange de ce pouce, qui est traitée par la fovéa.

Tout le reste devient de plus en plus flou à mesure que l'on s'éloigne de ce point central.

Ça bouge !

Placez maintenant vos mains à une trentaine de centimètres de votre tête sur les côtés. Si vous les maintenez fixes, vous ne les voyez pas mais, dès que vous les bougez, vous les apercevez. Cela s'explique par le fait que notre vision périphérique, quoique floue, est très sensible aux mouvements.

Pour comprendre, plongeons-nous jusqu'à la membrane la plus interne de votre œil : la rétine. C'est à cet endroit que l'énergie lumineuse est codée et traduite en influx électriques par environ 125 millions de photorécepteurs (entre 70 et 150 millions). Parmi ces derniers, seuls 3 à 7 millions (soit 5 %) sont des **cônes** dédiés à la vision des couleurs et se retrouvent majoritairement dans la région centrale de notre rétine : la **fovéa**.

La fovéa est une région de seulement 0,4 mm (la rétine fait environ 5-6 mm) qui assure la vision des couleurs et, plus largement, la vision diurne. Elle est également responsable de notre vision centrale, celle qui est nette.

Plus on s'éloigne de la fovéa, moins on trouve de cônes et plus de **bâtonnets** responsables de la perception des mouvements, des contrastes et qui se révèlent plus efficaces en vision nocturne.

C'est en raison de cette configuration que plus de 90 % de votre vision est floue. Cependant, elle est indispensable pour prendre conscience de son environnement et y réagir. La vision périphérique est notamment très sensible aux couleurs, aux mouvements et à la luminosité.

Comment l'appliquer ?

Appuyons-nous sur ce détour théorique pour en tirer des conclusions sur la façon d'utiliser les animations à bon escient dans nos interfaces.

Comme vous vous en doutez, le recours aux animations peut aussi bien être bénéfique que porter préjudice à la clarté de vos designs.

Comme la vision périphérique est très sensible aux mouvements et aux contrastes, la lecture risque d'être gênée par des images en mouvement ou très colorées aux bordures de l'écran. Par exemple, un *slider* (dans un site, il s'agit d'images qui se succèdent les unes aux autres) perturbe fortement la concentration sur les informations à lire à proximité lorsque les images se succèdent sans contrôle de l'utilisateur.

Il y a une quinzaine d'années, lorsque je faisais mes toutes premières recherches, beaucoup de sites web utilisaient des GIF animés pour « décorer ». J'avais mis en place une expérimentation pour vérifier si ces illustrations animées gênaient la lecture de texte sur Internet. En effet s'ils sont placés sur la gauche du bloc de lecture, alors ils sont plus gênants que s'ils sont placés sous le texte (Lefebvre & Jamet, 2004).

Il y a deux manières de prendre ces connaissances en compte.

Éviter la distraction

Limitez les animations décoratives lorsque vos utilisateurs doivent se concentrer sur la lecture d'un texte (qui est plus difficile sur écran, cf. fiche n° 5) ou sur toute autre tâche comme la recherche d'une information.

Si votre animation a un intérêt particulier (ex. certains contenus pédagogiques) et si vous tenez à la présenter, proposez les informations de manière séquentielle : l'utilisateur lit le texte, puis accède à l'animation ou l'inverse. Dans ce cas, disposez un appel à l'action, un bouton par exemple, pour donner à l'utilisateur le contrôle sur son activité.

> On définit un appel à l'action *(call-to-action)* comme tout moyen d'inciter l'utilisateur à réaliser une action. Classiquement, il s'agit d'un bouton ou d'un lien mis en valeur par les codes habituels du Web.

Les animations comme aide

Bien qu'elles perturbent notre lecture et notre recherche d'informations sur écrans, les animations peuvent également être utilisées dans de nombreux cas pour aider l'utilisateur, mais aussi pour améliorer son expérience.

Merci de patienter

Tout d'abord, les animations s'avèrent très utiles pour montrer à l'utilisateur qu'il se passe quelque chose. Par exemple, dans le cas d'un chargement, d'un changement d'état ou de la prise en compte d'une requête (envoi bien effectué, suppression ou recherche en cours), une animation permet de montrer explicitement à l'utilisateur que son action a bien été prise en compte et qu'une action est en cours du côté du système. Cela contribue à une communication efficace. Par ailleurs, les animations sont également très utiles pour aider l'utilisateur à patienter (oui, les humains n'aiment pas s'ennuyer ; c'est ce qu'on appelle en anglais l'*idleness aversion*).

Par exemple, la plate-forme de livraison de repas Uber Eats (figure 1-11) utilise des animations pour faire patienter et rassurer l'utilisateur lors de la prise en compte et de la préparation de son repas. L'aspect dynamique limite l'incertitude (c'est même la grande force des plates-formes Uber) jusqu'au moment de la récupération par le livreur. Celui-ci est ensuite géolocalisé, ce qui fournit une animation sur la livraison en cours et donc un autre élément rassurant.

Figure 1-11 Copie d'écran de l'application Uber Eats

Attirer l'attention

Les animations servent également à orienter l'attention de l'utilisateur. Prenons l'exemple d'une erreur dans un formulaire. Lorsque l'utilisateur va confirmer sa demande, son attention sera orientée sur le bouton final. Si l'erreur a lieu à une trop grande distance, alors il ou elle risque de ne pas voir ce qui pose un problème. Utiliser une petite animation (ex. une petite vibration du champ, un clignotement) va signaler l'erreur et conduire vers elle. Si cette dernière est plus haut dans le formulaire (et donc invisible), un bouton flottant peut par exemple apparaître pour « emmener » l'utilisateur directement à son erreur. On évitera le défilement automatique, qui risque de donner à l'utilisateur l'impression qu'il n'a pas le contrôle.

Dans la même veine, cette orientation de l'attention est largement utilisée dans les jeux vidéo, par exemple pour orienter l'attention du joueur sur des détails de l'environnement. Il arrive également que des objets se mettent à « scintiller » ou tout simplement à bouger pour aider le joueur ou la joueuse. Par exemple, quand celui-ci reste bloqué dans une scène pendant un certain temps, une petite animation peut orienter son attention sur un détail qui l'aidera à faire évoluer sa situation. Les animations servent aussi pour attirer l'attention sur des détails de l'environnement.

Figure 1-12 Copie d'écran du jeu Assassin's Creed Origins

Dans l'exemple de la figure 1-12, tiré du jeu Assassin's Creed Origins (2017), des petits scarabées courent sur les murs lorsque ceux-ci cachent une trappe secrète. Sans cette animation, les joueurs passeraient à côté de ces chemins cachés.

Les conseils de Corinne Leulier : illustrations et animations en écoconception

En termes d'écoconception, il est crucial de se limiter aux contenus et aux fonctionnalités utiles, utilisées et indispensables. Il est donc essentiel de limiter tout ce qui accroît le nombre de données à charger pour afficher les pages, c'est-à-dire ce qui est gourmand à la fois en énergie et en ressources.

Préférer les contenus statiques aux contenus dynamiques pour limiter les allers-retours avec les données du serveur.

Si des illustrations sont utilisées, privilégier les SVG « nettoyés » (sans formes inutiles ou transparentes).

Même s'il est recommandé d'en limiter (voire d'éviter) l'usage, si le choix est fait de garder quelques animations, préférer celles transformées en lignes de code avec le format open source d'animation vectorielle Lottie par exemple (https://lottiefiles.com/what-is-lottie), intermédiaire entre After Effects (création d'animation) et JSON (intégration web en Javascript) qui permet d'économiser 90 % du poids par rapport à un GIF et de créer des animations adaptables à la taille des écrans.

À retenir

- Nous possédons deux systèmes différents pour la vision. La fovéa au centre de l'œil sert à voir net, à lire et à percevoir tous les détails de l'environnement. La périphérie renvoie une vision floue et est très sensible aux couleurs, aux mouvements et à la luminosité.
- Évitez la distraction en séquençant les animations et les activités demandant un minimum de concentration.
- Attirez l'attention sur une alerte en utilisant des couleurs vives ou du mouvement.
- Limitez la consommation de données en appliquant les conseils d'écoconception aux illustrations.

Bibliographie

- Lefebvre, L. & Jamet, E. (2004). *Les illustrations périphériques gênent-elles les utilisateurs du Web ?* Journée d'étude sur le traitement cognitif des systèmes d'information complexes, JETCSIC-04, Genève, Suisse.

  http://liv.lefebvre.free.fr/ressources/articles/lefebvre_jetcsic04.pdf

Quentin Kuntzmann, d'abord spécialisé en psychologie cognitive et psycho-ergonomie, est un psychologue qui mobilise ce que l'on sait de la psychologie humaine pour mieux comprendre les utilisateurs, créer de meilleurs produits, mais aussi pour optimiser les stratégies de marketing.

FICHE #4
PROPOSEZ DES ÉLÉMENTS CLIQUABLES FACILES À ATTEINDRE : LA LOI DE FITTS

La théorie

À votre avis, si vous faites une course de vitesse à la souris sur un écran, dans quel cas atteindrez-vous le plus rapidement la cible :

- lorsque la cible est plus proche ?
- ou lorsque la cible est plus grosse ?

Les deux mon capitaine !

S'il est assez intuitif de penser qu'une cible éloignée sera plus lente à atteindre, il l'est moins d'imaginer que la taille de la cible joue autant.

Pourtant, cela a été démontré et a donné lieu à la loi de Fitts. Il s'agit d'une loi mathématique fondée sur des observations et validée par de nombreuses expériences. Elle prédit la vitesse avec laquelle une personne atteindra la cible sur l'écran, en fonction de la distance et de la taille de cette cible :

$$T = a + b \log_2 (1 + D / L)$$

- T est le temps moyen pris pour effectuer le mouvement.
- a et b sont des paramètres empiriques, ouvrant l'application à différents contextes ou types de personnes. Par exemple, cette loi a été vérifiée pour des souris, des manettes, des pavés tactiles, des appareils oculométriques, mais aussi pour des mouvements dans l'air ou sous l'eau, avec les pieds, etc. À chaque fois, ce sont a et b qui varient.
- D est la distance séparant le point de départ du centre de la cible.
- L est la largeur de la cible.
  Source : https://fr.wikipedia.org/wiki/Loi_de_Fitts

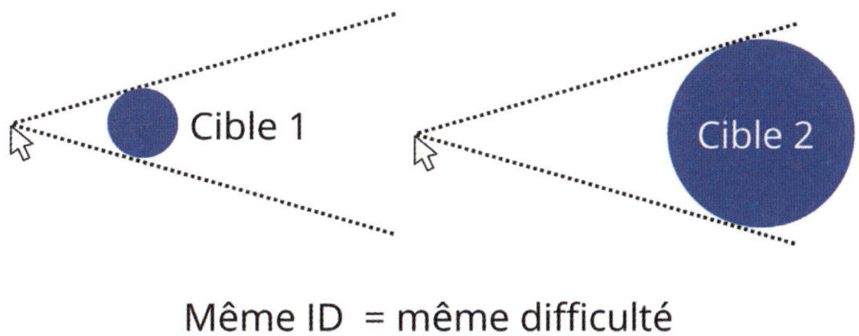

Figure 1-13 Selon la loi de Fitts, ces deux cibles sont atteintes en même temps par le curseur. Source : inspiré de https://www.usabilis.com/definition-loi-de-fitts/

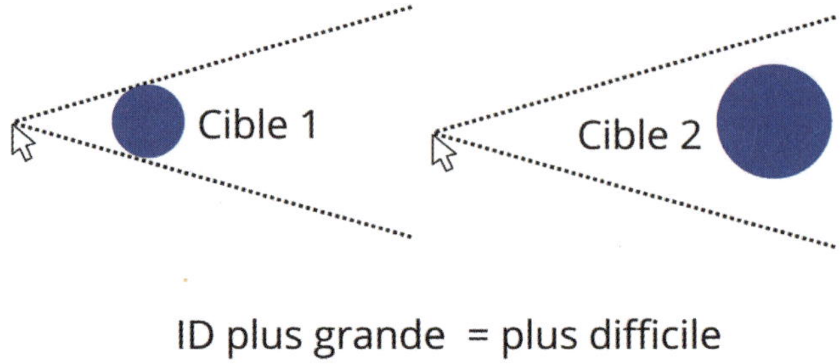

Figure 1-14 Selon la loi de Fitts, la cible 2 est plus difficile à atteindre.
Source : inspiré de https://www.usabilis.com/definition-loi-de-fitts/

Comment l'appliquer ?

Il y a plusieurs enseignements à retenir de cette loi. Tout d'abord, ne lésinez pas sur la taille de vos cibles.

N'hésitez donc pas à proposer des boutons et zones à cliquer étendus, surtout ceux qui sont les plus fréquemment atteints ou ceux qui sont stratégiques pour vous, comme un bouton ***Ajouter au panier*** ou ***Rechercher***.

Une zone à pointer peut être petite, si elle est proche du point de départ. C'est le cas de certains menus de logiciels par exemple. Prenons le cas de votre logiciel de traitement de texte (Word, OpenOffice, etc.) ; les menus sont proches les uns des autres et les zones à cliquer petites, mais suffisantes car, lorsque vous ouvrez un menu, votre cible est proche.

Vous pouvez également proposer de petites zones à cliquer à proximité du bord de l'écran, car votre utilisateur prendra appui sur ce bord pour commencer la course de son pointeur s'il s'agit d'un curseur. Faites attention tout de même car, pour l'usage des écrans multiples, cela peut créer une difficulté.

Cette loi explique également que, en fonction du point de départ du curseur, certaines zones du périphérique (mobile, écran d'ordinateur, tablette…) sont plus ou moins faciles à atteindre. Cela implique de placer les zones interactives les plus importantes à certains endroits plutôt qu'à d'autres.

Pour cela, il faut connaître le point de départ du curseur. Pour le mobile, on peut s'appuyer sur l'étude de Nabil Thalmann. Il est allé observer dans le centre de Nantes les manières dont les utilisateurs tenaient leurs mobiles dans le tram et dans la rue.

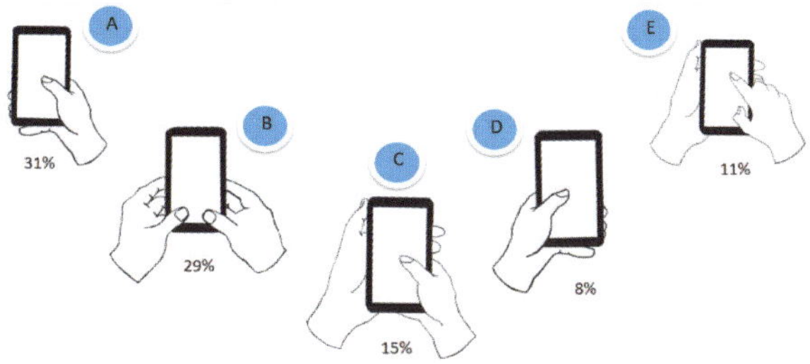

Figure 1-15 Les cinq principales manières d'utiliser son smartphone selon l'étude de Thalmann
Source : https://fr.slideshare.net/PersonaeUserLab/smartphone-street-observer-1er-baromtre-dobservation-des-usages-mobiles-saison-3

Nous voyons (figure 1-15) que, dans la plupart des cas, ce sont les zones les plus proches de l'utilisateur qui sont les plus accessibles, donc en bas de l'écran. Cela explique que les actions fréquentes et importantes (valider, annuler, etc.) soient placées à ces endroits.

D'autres études confirment ces observations et la prédominance du départ du bas de l'écran est également observée sur tablette (figure 1-16).

Sur écran, les zones les plus faciles à atteindre sont les bords de l'écran, puis les bandes de côté et en bas et en haut.

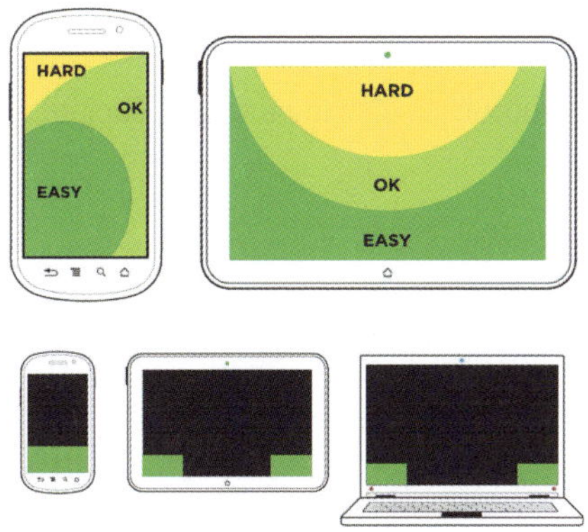

Figure 1-16 Zones conseillées pour placer les éléments interactifs cruciaux
Source : lukew.com/ff/entry.asp?1649

Ainsi, il est conseillé de proposer les éléments interactifs les plus importants à certains endroits plutôt qu'à d'autres :

- pour les mobiles et tablettes : en bas de l'écran ;
- pour les écrans d'ordinateur : en bas de l'écran, soit à droite, soit à gauche. Notez que le bouton **Valider** ou **Panier** est souvent situé en bas à droite, car cela indique que l'action avance, comme lorsque nous tournons une page. Le haut de l'écran est également une zone à privilégier pour les interactions importantes, d'autant que nous sommes habitués à y voir un menu.

À retenir

- Plus une cible à atteindre est grosse, moins l'utilisateur mettra de temps à l'atteindre. Il convient donc de proposer des boutons ou liens suffisamment grands, notamment lorsqu'ils sont importants dans votre interface.
- Plus une cible à atteindre est proche de la position de départ, moins l'utilisateur mettra de temps à l'atteindre. Ainsi, proposer de petites cibles proches les unes des autres conviendra très bien.
- Pensez aux manières dont vos utilisateurs vont atteindre les différentes zones à pointer que vous leur proposez ; faites-leur tester si besoin.
- Pour les mobiles et tablettes, proposez les éléments interactifs cruciaux de préférence en bas de l'écran. Pour les écrans d'ordinateur, placez-les en bas de l'écran, soit à droite, soit à gauche, ou bien en haut.

Le saviez-vous ?

La loi de Fitts a permis à des chercheurs (Bachynskyi et al., 2015), de comparer différents périphériques (tablettes, écrans d'ordinateur, écrans tactiles) dans des tâches de pointage. Ils ont également identifié les muscles impliqués dans la manipulation de ces périphériques pour les classer les uns par rapport aux autres.

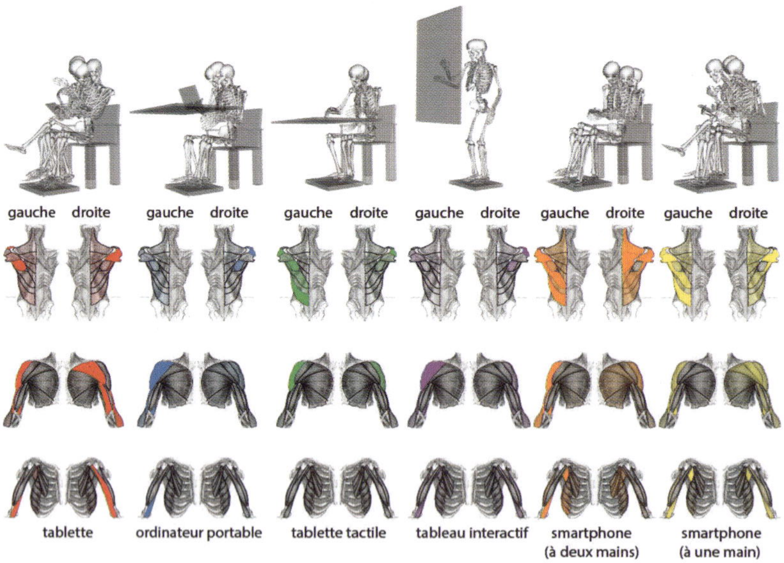

Figure 1-17 Postures liées à l'usage de chaque périphérique en haut, activation des muscles impliqués en bas, en fonction du périphérique
Source : Bachynskyi et al. (2015)

La **tablette** présente de mauvaises performances aux tests de pointage et ne convient à une utilisation à long terme qu'après ajustement de la posture pour éviter les problèmes à la nuque.

L'ordinateur portable a des performances médiocres mais convient à une utilisation à long terme.

La **tablette tactile** présente des performances élevées mais ne convient pas pour une utilisation à long terme, sauf si un support permet d'adopter une posture plus appropriée.

Le **tableau interactif** est très performant, mais il ne convient pas pour une utilisation à long terme.

Le **smartphone** utilisé **à deux mains** est très performant, mais il ne convient pas pour une utilisation à long terme.

Le **smartphone** utilisé avec **une main** présente des performances moyennes et ne convient pas non plus à une utilisation à long terme.

Bibliographie

- Étude sur les manières de tenir son mobile en situation de mobilité :
  https://fr.slideshare.net/PersonaeUserLab/smartphone-street-observer-1er-baromtre-dobservation-des-usages-mobiles-saison-3
- Article scientifique sur la comparaison entre périphériques :
  Bachynskyi, M., Palmas, G., Oulasvirta, A., Steimle, J. & Weinkauf, T. (avril 2015). « Performance and ergonomics of touch surfaces : a comparative study using biomechanical simulation ». *In Proceedings of the 33rd Annual ACM Conference on Human Factors in Computing Systems*, 1817-1826.
  https://research.aalto.fi/files/18129437/pn2629_bachynskyiA.pdf
- Article de blog de Luke Wroblewski sur la navigation au travers des dispositifs tactiles : *Responsive navigation : optimizing for touch across devices*
  lukew.com/ff/entry.asp?1649

2 Rendez vos textes lisibles

Orienter le regard de vos utilisateurs est essentiel. Il faut maintenant garantir que vos textes soient lisibles. J'ai connu trop de sites ou d'applications qui ne respectaient pas cette condition *sine qua non*. Dans ce chapitre, vous découvrirez tout ce qui garantit une correcte lisibilité de vos textes pour le plus grand nombre : taille, couleur, type de typographie. Vous apprendrez comment notre œil fonctionne et quels sont les mécanismes qui régissent la prise d'information et la lecture. Vous comprendrez donc mieux ce qui permet une bonne perception des formes et des textes, notamment sur écran. Ainsi, vos écrans deviendront plus lisibles et attractifs.

DANS CE CHAPITRE

FICHE #5
AYEZ CONSCIENCE QUE LA LECTURE SUR ÉCRAN EST PLUS LABORIEUSE

La théorie

Nous lisons *25 % moins vite* sur écran[1] et cette lecture entraîne une fatigue visuelle bien plus rapide que sur papier. En effet, les images ne sont pas stables puisque l'écran est rafraîchi constamment et émet de la lumière. Sur papier à l'inverse, la lumière se reflète sur lui.

La fatigue visuelle sur écran a un nom : *computer vision syndrome*. Elle affecte 90 % des personnes qui passent plus de trois heures sur écran selon le chercheur du CNRS Thierry Baccino.

Ce n'est pas tout. En plus de cette lecture moins rapide à cause d'une image qui est plus difficile à décrypter, les études révèlent que c'est notre compréhension qui est affectée par la lecture sur écran (Mangen et al., 2013).

Et, plus spécifiquement dans le cadre d'apprentissages, si on compare un groupe d'élèves qui lisent des textes, pour moitié sur écran et pour moitié sur papier, ces derniers prennent plus de notes et passent naturellement plus de temps à étudier les textes (Chen & Catrambone, 2015).

Enfin, le confort de lecture est meilleur pour le papier et ce mode est préféré à la lecture sur écran. Un chercheur turc a suivi un groupe d'étudiants durant six ans et constate que cette préférence ne change pas au cours du temps (Kazanci, 2015).

L'œil et la lecture sur écran : entre saccades et fixations

La lecture est une activité quotidienne. Cependant, souvenez-vous, il faut plusieurs années de pratique pour la maîtriser. C'est donc une activité complexe, même si depuis notre enfance nous l'avons automatisée.

Lorsque nous lisons, nos yeux alternent saccades et fixations. Tout cela se situe au niveau de la fovéa (la zone de la rétine où la vision est la plus précise, cf. fiche 3).

Les *saccades* correspondent aux mouvements des yeux qui permettent de fixer un mot au centre de la fovéa. Elles sont très rapides, raison pour laquelle nous n'en avons pas conscience :

- 20 millisecondes pour passer d'un mot à l'autre ;
- 80 millisecondes lorsque l'on change de ligne.

1. Lorsque nous parlons d'écrans ici, il s'agit des écrans rétroéclairés. Cela ne concerne pas les liseuses.

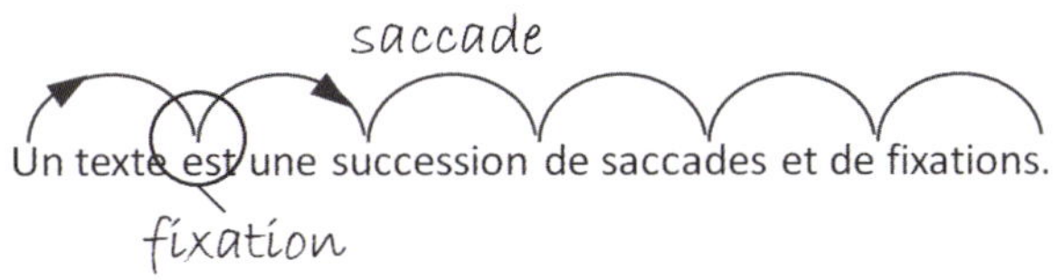

Figure 2-1 Illustration des saccades et fixations (issue de la vidéo de Thierry Baccino)
Source : youtube.com/watch?v=IfcN1lQJMEk

Les *fixations* sont les arrêts des yeux sur les mots, pour saisir l'information. Les fixations sont plus longues, de l'ordre du quart de seconde. À cette occasion, les yeux captent 4 ou 5 lettres à la fois. Par ailleurs, les lecteurs aguerris n'ont pas besoin de fixer chaque lettre pour déchiffrer un texte et s'appuient plutôt sur les lettres de début et de fin de mot (voir encadré « Le saviez-vous ? »).

Gardez cela en tête lorsque vous présentez du texte sur une page, surtout quand vous devez calibrer la longueur des lignes.

Comment l'appliquer ?

Avez-vous remarqué que les sites utilisent des textes de plus en plus gros et de plus en plus courts ?

C'est parce qu'ils ont remarqué que les utilisateurs ne lisent que très peu sur écran. L'œil est tout de suite attiré par les images et surtout les animations.

La lecture sur écran comporte des spécificités. Une étude de Mary Dyson (2004) montre que, lors de la lecture sur écran :

- les personnes préfèrent des lignes courtes ou moyennes (de 45 à 72 caractères) ;
- elles lisent plus vite les longues lignes, le mieux étant une centaine de caractères.

Cela est dû au fait que passer une ligne prend du temps : on doit interrompre le flux des saccades et des fixations pour passer à la ligne. Néanmoins, les phrases courtes autorisent aussi des respirations dans la lecture et permettent de mieux intégrer ce qui est lu. Par conséquent, privilégiez les respirations dans la lecture et donc les phrases courtes.

Ci-dessous, deux exemples de pages d'accueil sur lesquelles les textes sont mis en évidence. La page d'accueil de Medium, qui est un site qui permet de consulter et d'écrire des articles type *blogging*.

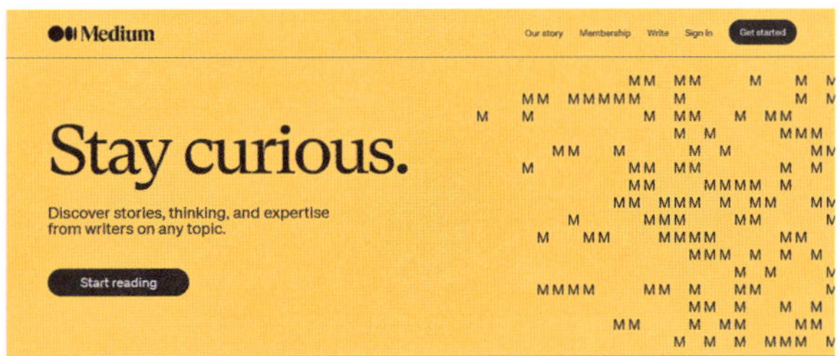

Figure 2-2
Source : medium.com

Sur la page principale (medium.com) on y lit quelques mots qui donnent une idée assez précise de ce que propose le site comme service.

- Deux mots pour donner une idée du service proposé : « Stay curious » (Restez curieux en français).
- Dix mots pour décrire de façon exhaustive le service : « Discover stories, thinking, and expertise from writers on any topic. » (Découvrez les histoires, pensées et expertises des auteurs sur différents sujets).
- Un bouton d'appel à l'action : « Start reading » (Lire, qui permet d'accéder aux articles).

Une illustration sobre mais parlante est proposée à côté, avec une couleur vive et joyeuse.

Ils ont décliné leur page d'accueil spécifiquement pour le public de créateurs de contenu. Et ça c'est malin car cela permet d'ajuster chaque discours à chaque public.

Figure 2-3 Page d'accueil de Medium pour les créateurs
Source : medium.com/creators

Comme pour la page d'accueil des lecteurs, ils expliquent en quelques mots les avantages que peuvent tirer de ce service les auteurs : « Publish, grow, and earn, all in one place. » (Publiez, développez, et gagnez des revenus, tout cela en un endroit).

De la même manière, nous avons un petit texte qui apporte quelques précisions : Si vous avez une histoire à raconter, des connaissances à partager ou une perspective à offrir, bienvenue. Inscrivez-vous gratuitement pour que vos textes puissent s'épanouir au sein d'un réseau soutenu par des millions de lecteurs - pas de publicités.

Remarquez qu'ils n'hésitent pas à **répéter** certaines idées dans le sous-texte. Cela permet aux utilisateurs de bien comprendre ce qu'ils font en reformulant, en apportant des précisions, et ainsi, de le mémoriser.

La page d'accueil du site Notion est basée sur le même principe d'un texte court et d'une illustration sobre (figure 2-4). Quatre mots seulement décrivent ce que propose leur service : « One workspace. Every team. » (Un espace de travail. Toutes les équipes.). Les deux premiers mots décrivent le service offert, les deux suivants décrivent les utilisateurs ciblés.

Figure 2-4
Source : notion.so/product

Bonnes pratiques pour le contenu

- Soyez synthétique et ne présentez que des textes ayant une forte pertinence.
- Choisissez vos mots avec précision. Ne laissez pas la place aux ambiguïtés de langage, aux mots à double sens (sauf si cela est fait exprès). Pour vérifier que vos mots résonnent bien auprès de votre cible, demandez à des utilisateurs testeurs quels ressentis ils ont à leur lecture.
- Quand cela est possible, traduisez votre message par une image, un schéma ou une vidéo. Rappelez-vous qu'une image vaut mille mots ; c'est encore plus vrai sur écran.

Bonnes pratiques sur la forme

- Les lettres étant plus difficiles à déchiffrer sur écran, il convient de présenter des textes d'une taille suffisante pour éviter l'effort visuel.
- Présentez des phrases courtes.
- N'hésitez pas à revenir à la ligne et à diviser vos textes en petits paragraphes très courts, voire à séquencer phrase par phrase.
- Hiérarchisez vos textes en proposant des info-bulles, en séparant vos paragraphes par des illustrations, ou à défaut des sauts de ligne.
- Ne justifiez pas vos textes. Cela crée un écart entre chaque caractère qui varie en fonction des lignes. Pour la lecture sur écran, l'hétérogénéité est de mise.
- Préférez des textes affichés sur fond clair, moins fatigant qu'un fond foncé car les reflets sont moins visibles.
- Selon l'INRS (Institut national de recherche et de sécurité), le bleu est à éviter pour les textes et pour le curseur car il est moins bien perçu dans l'ensemble, mais cet effet est généralement accentué avec l'avancée en âge.
- Maximisez le contraste entre les lettres et la couleur de fond et choisissez avec soin des typographies lisibles (cf. fiche 7).

Le saviez-vous ?

L'odrre des lerttes à l'intéreuir d'un mot a mions d'iptcornmae que la pmerière et la drneière lrtete du mot.

En eefft, les lttrees puvneet être mélenagés, nuos averonirrs tuot de mmêe à nuos y rvtroueer. La pvuere !

L'ordre des lettres à l'intérieur d'un mot a moins d'importance que la première et la dernière lettre du mot.

En effet, les lettres peuvent être mélangées, nous arriverons tout de même à nous y retrouver. La preuve !

À retenir

- Nous lisons 25 % moins vite sur écran que sur papier et cette lecture est plus fatigante. Il convient donc de ne pas écrire de la même manière.
- Utilisez les textes à bon escient et soyez synthétique.
- Privilégiez les illustrations explicatives aux textes.
- Privilégiez des textes sur fond clair ayant un grand contraste, des typographies lisibles, des phrases courtes et divisées en paragraphes.

Les conseils de Corinne Leulier : optimiser les images

En 2022, les images représentaient en moyenne 44 % du poids d'une page web (rapport des archives HTTP – https://httparchive.org/reports/state-of-images). Une étape rapide et facile pour améliorer la vitesse des pages et minimiser l'empreinte carbone consiste à limiter le nombre d'images à utiliser. Si le choix a été fait d'en garder certaines, il est nécessaire de les optimiser.

La première étape consiste à choisir le format adapté à vos besoins. Redimensionnez ensuite vos images à leur taille maximale d'affichage sur un site (attention à ne pas les surdimensionner), puis compressez-les avec un outil comme compressor.io.

Photo	Utilisez le format **.jpg** ou encore **.webp**
Image	Préférez les formats vectoriels comme **.svg** au format .png lorsque cela est possible. Mais n'oubliez pas de minifier et optimiser le fichier .svg en utilisant des outils comme compressor.io. Note : si un fichier .svg est très complexe, il peut être plus lourd qu'un .png. Il convient de faire des tests pour prendre la décision la plus pertinente.
Icône	Utilisez des **glyphs** quand c'est possible, ou **icônes et styles CSS**.

Tableau 2-1 Correspondance entre format et solutions pour optimiser les formats en écoconception
Source : guide d'écoconception des designers éthiques
https://eco-conception.designersethiques.org/guide/fr/

Un autre moyen de diminuer le poids des images est de privilégier un rendu tramé et de réduire la palette des couleurs. Attention cependant : choisissez bien les options pour que ce traitement soit efficace. Le site Dither it! (https://ditherit.com/), qui existe aussi en plug-in sur Figma, permet de réaliser ce traitement des images.

Dans un souci d'uniformisation des médias et pour limiter le poids des pages, les images peuvent ainsi par exemple être passées en bichromie, tramées puis compressées selon un traitement qui sera défini dans la charte graphique pour renforcer l'identité propre d'un site ou d'une application.

Before

1.1 Mo

After

46 Ko

Figure 2-5 Exemple d'optimisation d'une image

Bibliographie

- Dyson, M.C. (2004). « How physical text layout affects reading from screen ». *Behaviour & Information Technology*, 23(6), 377-393.
- Vidéo d'une conférence de Thierry Baccino, professeur à Paris VIII et spécialiste de la lecture numérique :
  https://www.youtube.com/watch?v=IfcN1lQJMEk
- Baccino et Drai-Zerbib (2015). *La lecture numérique*. PUG
  https://www.pug.fr/produit/470/9782706119729
- Mangen, A., Walgermo, B.R. & Brønnick, K. (2013). « Reading linear texts on paper versus computer screen : effects on reading comprehension ». *International journal of educational research*, 58, 61-68.
- Chen, D.W. & Catrambone, R. (sept. 2015). « Paper vs. screen : effects on reading comprehension, metacognition and reader behavior ». *In Proceedings of the human factors*

and ergonomics society annual meeting, 59(1), 332-336. Sage CA : Los Angeles, CA : SAGE Publications.
https://journals.sagepub.com/doi/abs/10.1177/1541931215591069

- Kazanci, Z. (2015). « University students' preferences of reading from a printed paper or a digital screen - A longitudinal study ». *International Journal of Culture and History*, 1(1), 50-53.
http://www.ijch.net/vol1/009-HS00018.pdf

FICHE #6
CHOISISSEZ LES BONS CONTRASTES TEXTE-FOND

Le saviez-vous ? Certaines cellules de l'œil sont spécialisées dans l'amplification des contrastes.

La théorie

Comment la lumière de notre environnement est-elle transformée en images ?

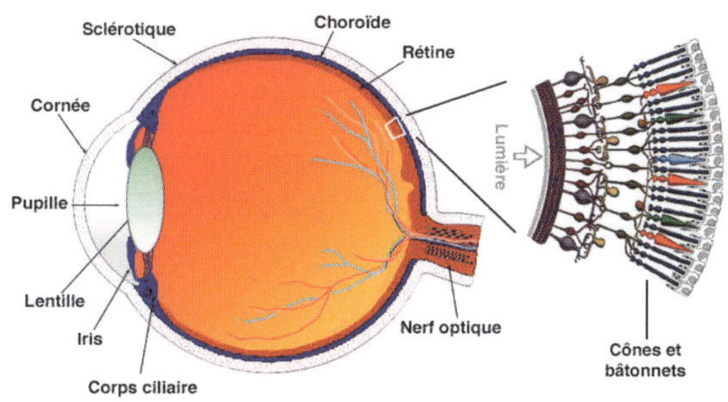

Figure 2-6 Schéma anatomique de l'œil humain
Source : Institut de la vision/INSERM

C'est un mécanisme complexe où les informations lumineuses traversent plusieurs structures transparentes qui composent nos yeux : la cornée, l'humeur aqueuse, le cristallin et l'humeur vitrée. Ensuite, une image se forme sur la rétine au fond de l'œil et est prise en charge par des cellules nerveuses appelées photorécepteurs :

- Les cônes distinguent les couleurs, lorsque la luminosité est suffisante.
- Les bâtonnets sont sensibles à la lumière et permettent de voir dans la pénombre.

Un jeu d'activation de ces cônes et bâtonnets encode les informations lumineuses et les envoie au fond du cerveau, dans le cortex visuel occipital, en charge de traiter les informations visuelles : forme, couleur, mouvement et interprétation globale.

Ainsi, l'image qui se projette sur la rétine est reçue, non pas sur une surface lisse, mais sur une multitude de têtes de photorécepteurs. Donc, cette image n'est pas très nette. Afin de rendre les images plus lisibles, il existe des neurones d'association qui permettent une amplification différentielle : lorsqu'une cellule est éclairée, mais que sa voisine ne l'est pas, celle qui ne l'est pas est inhibée ce qui renforce la différence. C'est ce mécanisme qui est à l'origine du contraste. Ainsi, plus le contraste est élevé, plus il sera amplifié par la vision.

Comment l'appliquer ?

Contraste texte-fond

Nous avons vu dans la fiche 5 que la lecture sur écran est plus laborieuse et fatigante pour l'œil. Proposer des textes qui contrastent avec la couleur de fond est un bon moyen pour en maximiser la lisibilité. Nous avons également vu que les fonds clairs étaient à privilégier pour le confort de lecture. Ainsi, proposer des textes en noir sur fond blanc sera la solution la plus lisible pour l'œil.

Figure 2-7

Couleurs texte et fond

Si les goûts et les couleurs ne se discutent pas, pour autant certaines couleurs ou associations de couleurs sont moins bien perçues.

- L'INRS suggère d'**éviter le bleu** pour des éléments à fixer type textes.
- L'**association de couleurs complémentaires** est également **à proscrire** :
  - orange et bleu ;
  - rouge et vert ;
  - jaune et violet.

Figure 2-8

Taille des textes

La taille des textes joue évidemment un rôle prépondérant dans la lisibilité sur écran. Plus votre police sera grande, plus vous pourrez prendre des libertés avec les couleurs des typographies et du fond, et avec le choix des typographies.

Figure 2-9

Typographie lisible

Typographie lisible

Typographie peu lisible

Typographie peu lisible

Typographie peu lisible

Thèmes sombres, thèmes clairs

Les interfaces proposent pour la plupart par défaut des textes foncés sur fond clair : c'est le « thème clair ».

À l'inverse, les thèmes sombres *(dark modes)* affichent des fonds noirs ; ils sont proposés dans les paramètres de nombreux sites et applications. En réduisant la luminosité des écrans, ils économisent la batterie de votre téléphone ou ordinateur.

Durant la journée, dans un environnement éclairé, la lecture est plus confortable et moins fatigante avec un thème clair. Les informations sont également mieux retenues. Si vous utilisez un thème sombre en journée, votre pupille est obligée de se dilater, comme lorsque vous vous habituez à un environnement peu lumineux et cela ne permet pas une mise au point optimale de l'œil. Vous le savez, contrairement aux félins par exemple, notre vision nocturne est très faible.

En revanche, le thème sombre est plus adapté dans des environnements ambiants peu éclairés, comme c'est souvent le cas le soir ou la nuit. En effet, il réduit la fatigue visuelle : vision floue, yeux secs, maux de tête. C'est logique : lorsque notre œil doit sans cesse s'adapter entre une source de lumière forte et un environnement faible, il se fatigue plus vite.

Par ailleurs, on sait que la lumière bleue produite par les écrans perturbe les cycles de sommeil. Elle est plus présente dans les thèmes clairs que sombres. Vous comprenez donc pourquoi il vaut mieux préférer les modes sombres le soir et la nuit et les modes clairs en journée, pour réduire la fatigue visuelle.

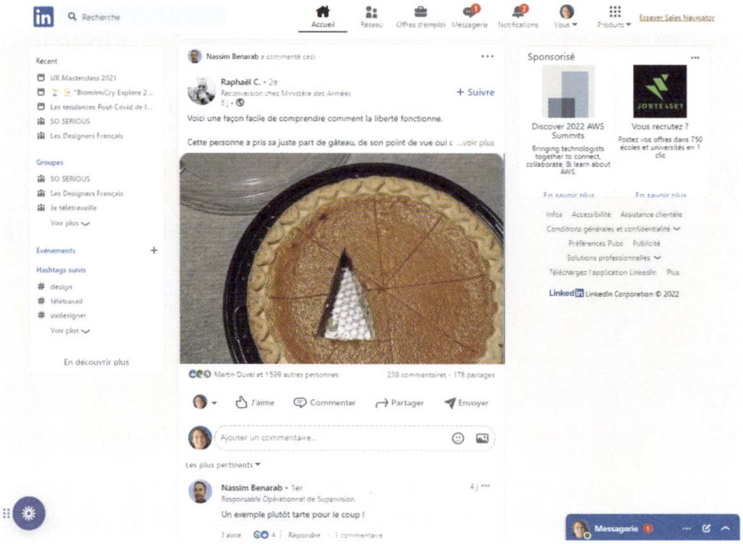

Figure 2-10 Thème clair

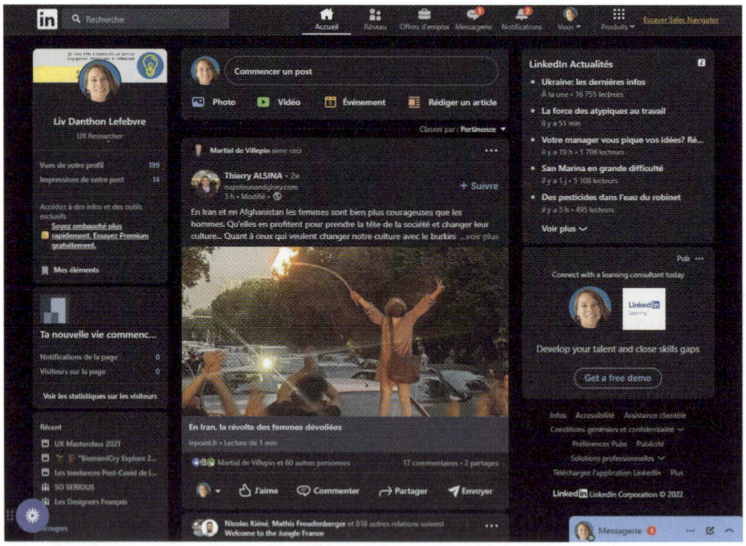

Figure 2-11 Thème sombre

Les conseils de Corinne Leulier : un contraste optimisé

Tous les éléments présents sur une page (informations, interactions, illustrations) doivent respecter un contraste suffisamment élevé pour être lisibles. Il est possible d'utiliser différents outils pour s'assurer du bon contraste sur les pages. Vous pouvez recourir par exemple à Contrast, un plug-in Figma qui facilite la vérification des rapports de contraste des couleurs pendant que vous travaillez (https://www.figma.com/community/plugin/748533339900865323). Ainsi, lorsque vous sélectionnerez un calque, le contraste recherchera immédiatement la couleur directement derrière votre sélection et fournira le rapport de contraste ainsi que les niveaux de réussite et d'échec des directives pour l'accessibilité du contenu web (WCAG).

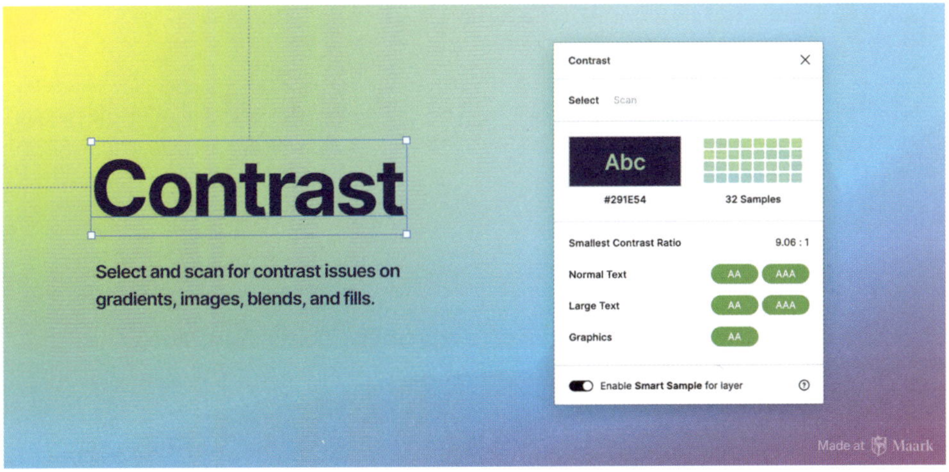

Figure 2-12 Plug-in Figma Contrast

À retenir

- Préférez un texte noir sur un fond blanc, surtout pour de petits caractères.
- Dans tous les cas, privilégiez un fort contraste fond-texte.
- Pour le contraste texte-fond, n'associez pas des couleurs complémentaires (orange/bleu, rouge/vert, jaune/violet) et évitez le bleu pour les textes.
- Préférez les thèmes clairs pour la journée et les environnements éclairés, les modes sombres ou une luminosité plus faible à la nuit tombée et dans les environnements peu lumineux.

Le saviez-vous ?

Sur cette figure, le cercle de gauche est-il plus clair ou plus foncé que celui de droite ?

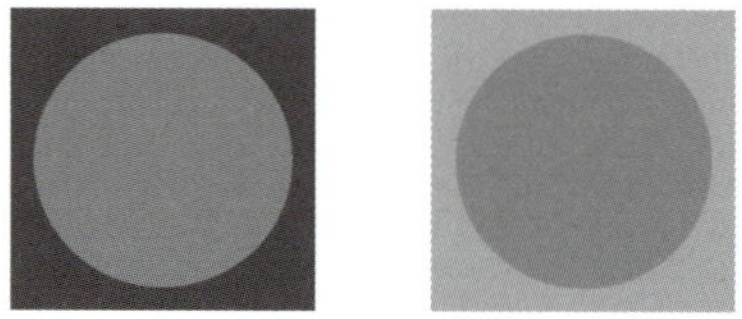

Figure 2-13 Le cercle de gauche paraît plus clair.

En réalité, les deux cercles sont de la même couleur, mais le gris apparaît plus clair sur le fond sombre et inversement. Ce sont les cellules de l'œil spécialisées dans l'amplification des contrastes qui nous induisent en erreur. La perception d'une couleur se fait toujours en fonction de son environnement immédiat.

En savoir plus

- Vidéo de l'INSERM sur l'œil et le fonctionnement de la vision : https://www.youtube.com/watch?v=sYLA6U1boF8
- Kim, K., Erickson, A., Lambert, A., Bruder, G. & Welch, G. (octobre 2019). « Effects of dark mode on visual fatigue and acuity in optical see-through head-mounted displays ». *In Symposium on spatial user interaction*, pp. 1-9.

FICHE #7
OPTIMISEZ LA LISIBILITÉ DE VOS TYPOGRAPHIES

La théorie

Pour lire, nous avons besoin de déplacer le centre de notre regard sur chaque mot pour déchiffrer ce qui est écrit ; cela s'appelle les fixations (cf. fiche 5).

Lors de la lecture sur écran, nous avons besoin de faire une fixation par mot en moyenne mais, dans le cas d'une typographie plus difficile à lire, alors il faut deux fixations par mot, soit deux fois plus. Cela entraîne donc une fatigue visuelle supplémentaire pour vos utilisateurs.

Comment l'appliquer ?

Police de caractères

La *police de caractères* détermine un certain nombre de facteurs qui peuvent faciliter la lecture ou, au contraire, la rendre plus ardue :

- hauteur des lettres ;
- espacement entre les lettres ;
- type de police : avec ou sans serif.

Hauteur et espacement des lettres

La taille des caractères est évidemment un facteur de lisibilité de vos textes. Il n'y a pas pour autant de règle d'or à ce sujet, car elle est perçue en fonction de la police choisie.

En effet, deux polices de même taille sont plus ou moins grosses. En fait, il faut considérer la *hauteur d'x,* qui correspond à la hauteur des petites lettres de la police : x, c, a…

Figure 2-14 Hauteur d'x

L'espacement entre les lettres détermine également la lisibilité : trop espacés ou trop resserrés, les mots seront moins lisibles.

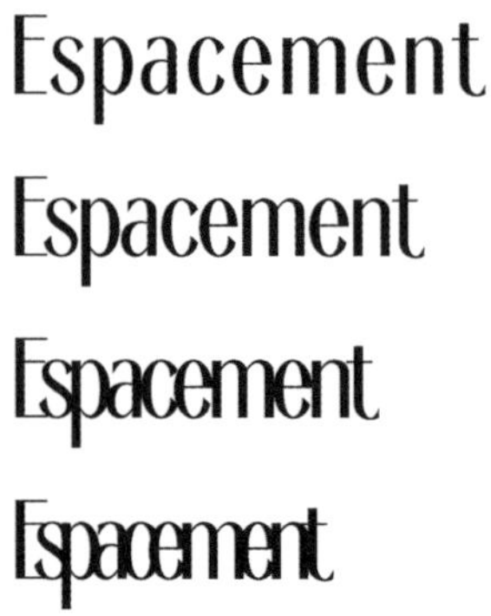

Figure 2-15 Exemples de différents espacements des lettres

Pour une même taille, en fonction de la police, le texte sera plus ou moins lisible. Gardez simplement en tête que, avec l'âge, vos utilisateurs auront besoin d'une police suffisamment grande. Si vous hésitez entre deux tailles, préférez donc la plus grande ; les caractères n'en seront que plus lisibles pour tout le monde.

En général, c'est l'espacement et la hauteur des lettres (hauteur d'x), plutôt que la typographie, qui aident à mieux distinguer les lettres et donc facilitent la lecture, surtout sur des textes de petite taille.

Serif

Il existe deux types de polices : *avec* ou *sans serif*. Les polices dites « avec serif » sont celles qui présentent un *empattement*, par exemple Times New Roman.

A contrario, les polices sans serif, comme Arial ou Calibri, sont plus minimalistes.

Figure 2-16 Différents types de polices

Il est largement diffusé que les polices sans serif seraient plus lisibles sur écran. Or, les études montrent qu'il n'y a pas de différence. Utilisez donc une police lisible, c'est-à-dire où les lettres se détachent bien les unes des autres. Pour ne pas prendre de risques, choisissez une police classique comme Arial, Calibri ou Times.

Un moyen simple de s'assurer de la bonne lisibilité de vos textes est de demander à quelques personnes de votre entourage de lire à haute voix les textes que vous présentez. Vous pouvez également diminuer légèrement la taille de l'écran pour vous laisser une marge de liberté pour les personnes âgées ou mal-voyantes. Si elles marquent des hésitations, tentez de rendre vos textes plus lisibles.

Modifications typographiques

Le gras reste lisible tandis *que l'italique pose problème*

Le gras reste visible tandis que *l'italique pose problème*

Figure 2-17 Illustration de modifications typographiques gras et italique

Sur la figure 2-17, tout est dit !

Le gras reste lisible, tandis que l'italique pose problème. Cela est d'autant plus vrai que le texte est petit. L'italique peut, certes, être utile pour certains usages, comme marquer un mot en langue étrangère, indiquer une référence bibliographique ou souligner un mot. Restez toutefois conscient qu'en l'utilisant, vous perdez en lisibilité. Il s'agit donc de vérifier que le texte est par ailleurs suffisamment lisible et d'utiliser l'italique, si besoin, avec parcimonie. Pour rappel, cela est vrai car la lecture sur écran est plus difficile (cf. fiche 5).

Les conseils de Corinne Leulier : utiliser une typographie variable

Il est recommandé de limiter le nombre de polices utilisées pour plus de confort utilisateur. En termes d'écoconception, cette recommandation est encore plus importante car chaque police doit être interprétée par le navigateur. En effet, plus il y a de polices utilisées sur une page, plus le temps de chargement sera long.

Certaines polices sont pré-installées par défaut sur le système d'exploitation des appareils (on parle de polices natives ou polices système (ex. : Arial, Verdana, Times New Roman, Courier New). Ces polices sont donc à privilégier pour limiter l'usage de la bande passante et ainsi optimiser le chargement des pages. La liste de ces polices peut varier d'un système d'exploitation à l'autre. Le site https://www.cssfontstack.com/ vous montre les pourcentages d'utilisation des polices en fonction des systèmes afin de vous assurer que les pages s'affichent correctement pour une majorité d'utilisateurs.

Parfois, le choix d'une police spécifique (non native) peut être fait pour des questions d'identité de marque. Il existe des bibliothèques de polices spécifiques en ligne comme Font Squirrel (https://www.fontsquirrel.com/tools/webfont-generator) ou des services de polices en ligne comme Google fonts (https://fonts.google.com/). Cependant, ce choix n'est pas sans conséquence en matière d'accessibilité (les textes peuvent mettre du temps à se charger, être illisibles sur téléphone ou certains caractères peuvent ne pas s'afficher), ni en matière d'écoconception numérique (des requêtes HTML devront être générées auprès du serveur où est hébergé le site pour afficher ces polices, donc consommeront de la bande passante et ajouteront du poids aux pages).

En 2022, le poids moyen d'une police web représente 138 Ko, soit 6 % du poids de la page, plus du double du poids moyen des polices en 2010 selon HTTP Archive[2].

Si vous tenez à utiliser une police spécifique, il est maintenant possible de limiter les appels au serveur avec une police de caractères variable (un seul fichier devra être chargé pour toutes les graisses de la police). Attention toutefois, c'est une technique en plein développement et ces polices ne sont pas adaptées à tous les systèmes d'exploitation.

Figure 2-18 Exemple de police variable

À retenir

- Choisir une police peu lisible augmente la fatigue visuelle, déjà forte dans le cas de lecture sur écran.
- Vérifiez que la hauteur et l'espacement entre les lettres sont corrects.
- Pour mettre en valeur des mots ou des phrases, privilégiez la mise en gras plutôt que l'italique, peu lisible.
- Demandez à quelques personnes de votre entourage de lire à haute voix les textes pour vérifier qu'ils sont bien lisibles.
- Privilégiez les polices natives ou une police variable lorsque cela est possible afin de limiter le poids des pages.

2. https://httparchive.org/reports/page-weight?start=earliest&end=latest&view=list#bytesFont *(Guide d'écoconception des designers éthiques)*

Le saviez-vous ?

En 1499, l'imprimeur-libraire italien Alde Manuce chercha une solution pour économiser du papier et réduire la taille des livres, qui étaient à l'époque lourds et épais. L'idée était de commercialiser des livres à moindre coût pour les étudiants en diminuant la taille des caractères.

C'est le graveur de poinçons Francesco Griffo, dit aussi Francesco da Bologna, qui répondit à cette demande en proposant l'italique, une écriture plus fine et qui permettait d'imprimer plus de mots par ligne.

Lorsque ce style typographique se diffusa, on l'appela italique en référence à son origine italienne.

Au XVe siècle, Érasme considérait l'italique comme la plus belle écriture du monde ! Pourquoi ? Car elle ne rendait plus nécessaire de couper les vers en retournant à la ligne. Comme quoi, la beauté est parfois aussi une histoire d'ergonomie.

En savoir plus

- Dyson, M.C. (2004). « How physical text layout affects reading from screen ». *Behaviour & information technology*, 23(6), 377-393.
  http://images3.wikia.nocookie.net/__cb20060729105544/psychology/images/e/eb/Dyson,_M_C_(2004).pdf

3 Offrez un design compréhensible

Non, définitivement non, nous ne sommes pas des êtres rationnels. Chaque jour, nous faisons des choix surprenants du simple point de vue logique.

Maintenant que vous savez rendre votre présentation lisible, il s'agit d'être *percutant*. Nous sommes sensibles aux anecdotes et aux exemples, parfois plus qu'aux lois générales ; nous nous construisons des représentations du monde qui orientent nos perceptions… Dans ce chapitre, vous comprendrez pourquoi vos utilisateurs passent à côté de certains éléments ou interprètent différemment ce que vous leur proposez.

L'utilisateur n'est pas le concepteur. Il possède ses propres logiques ; c'est à vous de les découvrir et de les comprendre.

DANS CE CHAPITRE

FICHE #8
UTILISEZ LES ANECDOTES ET LES EXEMPLES

La théorie

En pédagogie, il existe plusieurs manières de faire comprendre un concept nouveau à un apprenant : la déduction et l'induction. Cela fonctionne aussi bien chez les enfants que chez les adultes qui apprennent de nouveaux concepts.

Déduction

Figure 3-1 Schématisation de la déduction

Il s'agit d'exposer une loi générale à partir de laquelle les personnes vont déduire des cas particuliers.

Prenons l'exemple de la loi de Fitts, exposée dans la fiche 4. Pour faire comprendre ce concept, je pourrais dans un premier temps vous expliquer la règle, puis vous donner deux exemples, comme dans l'illustration suivante.

Selon vous, quelle sera la cible la plus rapidement atteinte par votre utilisateur ?

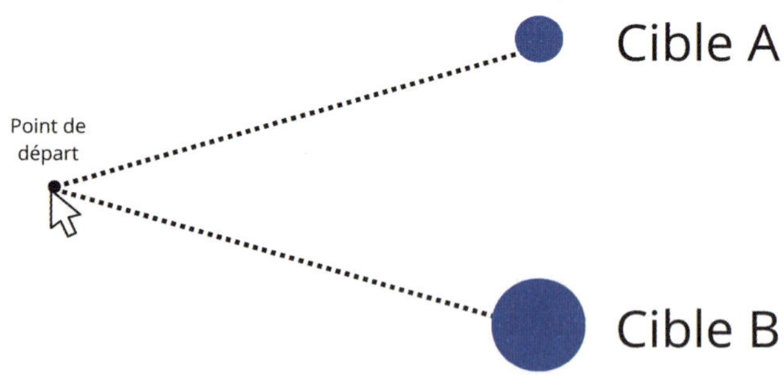

Figure 3-2 Deux cibles à la même distance mais de tailles différentes

Oui ! Vous avez deviné, la cible B sera atteinte plus rapidement. Bravo !

Le lecteur doit appliquer la règle aux exemples que je lui propose. À partir de la loi de Fitts, il déduit un pronostic sur la cible qui sera atteinte le plus rapidement.

Induction

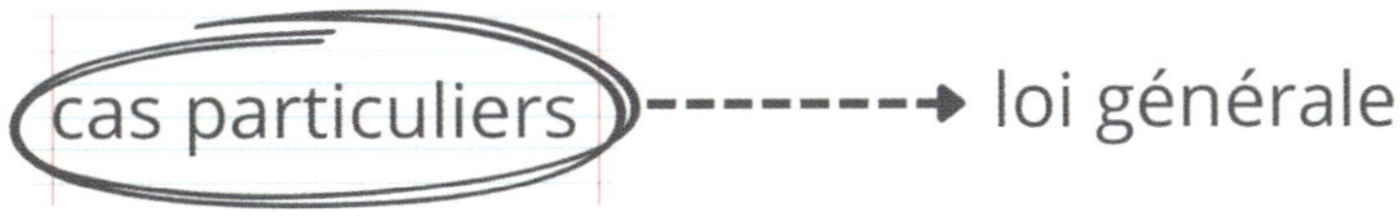

Figure 3-3

Dans cette approche à l'inverse, des exemples et cas particuliers sont proposés et l'apprenant en déduit une loi correspondante.

Par exemple, je présente à un enfant plusieurs types d'arbres : un chêne, un sapin, un pommier et un peuplier. Ces quatre arbres sont très différents les uns des autres, en taille, en forme, en fonction, pour nous humains. Néanmoins, l'enfant arrivera à extraire une loi générale de tous ces cas particuliers, aussi appelé prototype de l'arbre : des feuillages verts, soutenu par un tronc marron (figure 3-4).

Figure 3-4 Exemple de la généralisation du prototype du concept d'arbre
Source : fr.wikibooks.org/wiki/Psychologie_cognitive_pour_l%27enseignant/Version_imprimable#Bien_utiliser_les_exemples

Notre cerveau traite aussi bien l'induction que la déduction. Il est même préférable de varier la construction d'une même connaissance en proposant une fois la loi générale, d'où l'apprenant déduira les cas particuliers, et une autre fois des exemples, qui serviront à induire et donc renforcer la loi générale correspondante.

Quand on présente un exemple, les personnes le comparent à d'autres pour en déduire des propriétés générales. Ce phénomène se réalise avec une grande facilité par notre cerveau, puisque c'est un mécanisme de base de la création de connaissances.

Comment l'appliquer ?

Vous comprenez maintenant pourquoi utiliser des anecdotes ou des exemples pour parler d'un phénomène plus général est très puissant. Les personnes étendront l'exemple à un phénomène plus général.

Vous avez sans doute remarqué que les anecdotes et les exemples intéressent particulièrement les gens. Ils rendent un discours vivant et plus concret. N'hésitez donc pas à y recourir pour faire passer des messages.

Cela n'empêchera pas, bien au contraire, vos lecteurs d'induire des généralisations de ce que vous leur exposerez.

Si vous êtes dans la perspective d'apprentissages, alors vous pourrez multiplier les exemples afin que vos utilisateurs se construisent des concepts précis et solides. Proposez-leur également des contre-exemples.

À retenir

- En pédagogie, il existe plusieurs manières de faire comprendre un concept nouveau à un apprenant, dont :
  - la déduction : exposer une loi générale à partir de laquelle les personnes vont déduire des cas particuliers ;
  - l'induction : des exemples et cas particuliers sont proposés, desquels l'apprenant déduit une loi correspondante.
- Nous sommes très sensibles aux anecdotes et exemples.
- Il est donc intéressant de proposer des anecdotes et exemples pour expliquer des concepts, même abstraits.

Le saviez-vous ?

J'enseigne et je fais de la formation pour adulte depuis de nombreuses années. Je donne des cours à différentes heures de la journée et à différentes périodes de l'année. Les heures très tôt le matin (surtout en hiver) ou après le déjeuner ne sont pas idéales pour l'attention de mon auditoire. Il en est de même pour les périodes où ils sont submergés de devoirs et de travaux : difficile de susciter l'attention tout au long du cours.

Pour réveiller un auditoire qui s'endort, j'ai une technique qui fonctionne à chaque fois : raconter une anecdote personnelle. Plutôt que de parler d'une bonne pratique de design UX, je vais exposer un cas client. Au lieu d'évoquer un principe du fonctionnement cognitif, je vais parler de mon dernier trajet en voiture. Les gens sont particulièrement friands du partage d'expérience et d'anecdotes en tout genre. Ils comprennent et retiennent mieux les exemples que les lois abstraites. Cela fonctionne d'autant mieux si l'anecdote provoque une émotion.

Souvenez-vous, même si l'école est loin pour vous, vous avez forcément gardé au plus profond une anecdote racontée par un de vos professeurs.

Comme nous l'avons vu, cela s'explique par le fait que l'induction de lois générales est un moyen très efficace pour généraliser à partir de cas particuliers. En effet, il s'agit d'un mécanisme basique du fonctionnement humain. Pour se faire une représentation du monde et agir dans celui-ci, nous avons, dès bébé, appris à compiler les cas particuliers et des exemples.

En savoir plus

Psychologie cognitive pour l'enseignant ; bien utiliser les exemples : https://fr.wikibooks.org/wiki/Psychologie_cognitive_pour_l%27enseignant/Version_imprimable#Bien_utiliser_les_exemples

FICHE #9

PROPOSEZ DES LISTES DE CHOIX RESPECTEZ LA LOI DE HICK

La théorie

Imaginez : vous êtes au restaurant et vous avez faim de terminer votre repas par un dessert. Le serveur vous tend la carte. Vous avez le choix entre cinq desserts. À côté de vous, le serveur attend patiemment votre commande.

Figure 3-5

Et si la carte vous propose vingt-cinq choix ? Combien de temps mettrez-vous à choisir votre dessert ? Le serveur risque d'attendre plus longtemps, n'est-ce pas ? Vous allez d'abord consulter chaque choix, puis revenir à la liste pour comparer certaines propositions, réfléchir encore un peu, avant de prendre votre décision. Vous êtes confronté à un choix trop vaste, qui complexifie votre prise de décision.

Figure 3-6

↳ Appliquer pour nos pages collections.
→ Trop de choix

Dans le cas où vous avez à choisir parmi cinq desserts, la comparaison est aisée. Dans celui où vous avez vingt-cinq choix, ce n'est plus le cas, car il vous faut tout d'abord trier les desserts qui vous tentent le plus des autres. Ensuite, vous allez comparer chaque proposition, pour enfin choisir.

La loi de Hick, ou loi de Hick-Hyman, propose que le temps de réponse à un choix soit fonction du nombre d'alternatives. Elle suit une distribution logarithmique : plus nous avons de choix, plus nous mettons de temps à choisir.

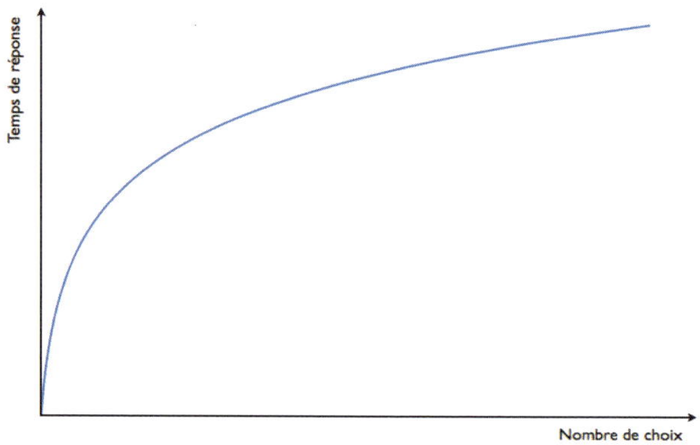

Figure 3-7 Représentation schématique de la loi de Hick : rapport entre temps de réponse et nombre de choix

Source : bloc-note par Raphaël Yharrassarry : blocnotes.iergo.fr/breve/motsetphrases/loi-de-hick/

Pour les intéressés, voici la formule mathématique qui sous-tend cette loi :
$\mathbf{T = b \log_2 (n+1)}$.

T correspond au temps de réponse, **b** est une constante expérimentale en fonction de la situation et **n** est le nombre de choix. Le **+1** correspond à la décision de répondre ou non.

Comment l'appliquer ?

Lorsque vous concevez votre navigation, offrez peu de choix simultanément à vos utilisateurs, quitte à leur proposer un nouveau choix dans un second temps, plutôt qu'une longue liste d'items.

Par exemple, vous concevez un site de e-commerce de meubles. Vous voulez orienter rapidement votre utilisateur sur le type de meuble dont il a besoin et le style qui lui plaira. Vous faciliterez ses choix si, au lieu de lui présenter tous les choix possibles (cas 1 ci-après), vous lui présentez les listes des cas 2 et 3.

Cas 1. Tous les choix possibles

Page 1. Choisissez un univers

- salon moderne
- cuisine moderne
- chambre moderne
- salle de bains moderne
- salon style industriel
- cuisine style industriel
- chambre style industriel
- salle de bains style industriel
- salon style ancien
- cuisine style ancien
- chambre style ancien
- salle de bains style ancien
- salon ambiance scandinave
- cuisine ambiance scandinave
- chambre ambiance scandinave
- salle de bains ambiance scandinave

Cas 2. Choix en deux temps (1re solution)

Page 1. Choisissez un univers

- moderne
- industriel
- meuble ancien
- ambiance scandinave

Page 2. Choisissez un type de meuble

- salon
- cuisine
- chambre
- salle de bains

Cas 3. Choix en deux temps (2nde solution)

Page 1. Choisissez un type de meuble

- salon
- cuisine
- chambre
- salle de bains

Page 2. Choisissez un univers

- moderne
- industriel
- meuble ancien
- ambiance scandinave

Même si vous ajoutez une étape, vos utilisateurs seront plus rapides à choisir dans les cas 2 et 3, pour aboutir finalement au même résultat.

On parle de largeur et de profondeur de la structure de navigation.

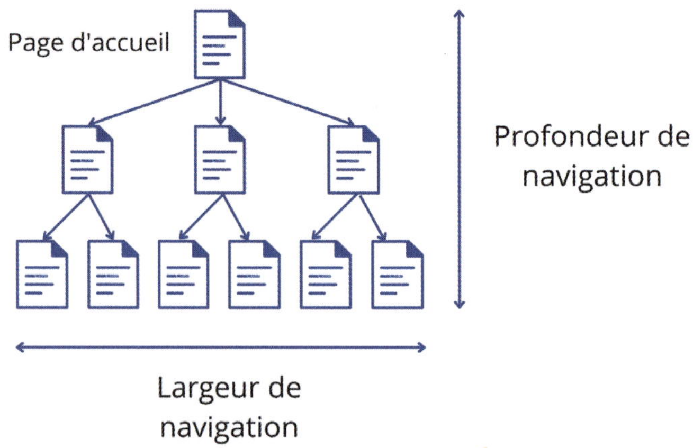

Figure 3-8 Illustration des notions de largeur et de profondeur de navigation

Il vaut donc mieux ajouter une étape que proposer trop de choix. L'idéal est de limiter à 4 ou 5 choix maximum.

Dans un site qui propose des recettes de cuisine, comment proposer des choix qui donnent envie, mais sans noyer l'utilisateur ? Le site de la figure 3-9 propose un champ de recherche mis très en avant pour les utilisateurs qui savent ce qu'ils veulent cuisiner. Le site propose aussi trois suggestions très différentes pour ceux qui auraient envie de se laisser inspirer.

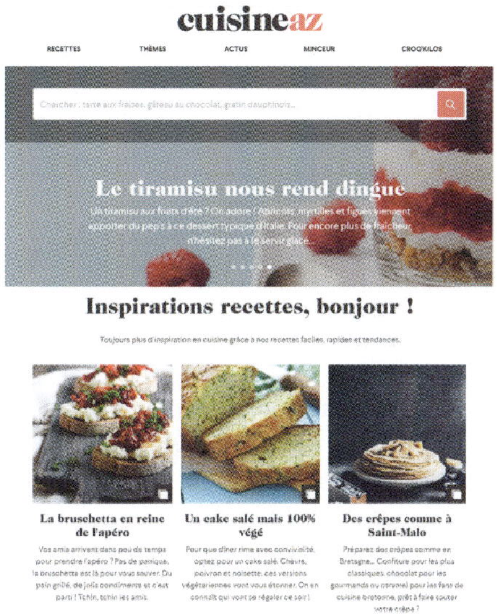

Figure 3-9 Exemple de choix restreint pour l'utilisateur
Source : https://www.cuisineAZ.com/

Les conseils de Corinne Leulier : saisie assistée plutôt qu'auto-complétion

En écoconception, il faut toujours préférer la saisie assistée à l'auto-complétion.

Il est recommandé de privilégier le guidage de l'utilisateur par la sélection dans une liste déroulante, des indices sur le type d'information ou le format attendu dans le champ de saisie. Des messages d'erreur gérés côté navigateur peuvent également être affichés pour réduire les requêtes serveur en cas d'erreur de saisie : on appelle cela la saisie assistée.

Par opposition, la technique de l'auto-complétion fonctionne en envoyant chaque caractère saisi par l'utilisateur au serveur, qui va ensuite renvoyer une proposition de texte pour compléter la saisie. Même si le volume de données échangé est faible, la répétition de cette opération peut solliciter fortement les serveurs et le réseau en termes de nombre de requêtes. En effet, on parle d'un facteur 10 en termes d'impact si on utilise l'auto-complétion.

Figure 3-10 Exemple d'auto-complétion

À retenir

- Plus vous proposez de choix simultanément à vos utilisateurs, plus ils mettront de temps à choisir.
- Limitez donc à cinq le nombre d'items à choisir à chaque étape de la navigation, quitte à ajouter une étape.
- Préférez la saisie assistée à l'auto-complétion.

Bibliographie

- Hick, W.E. « On the rate of gain of information ». *Quarterly Journal of Experimental Psychology*, 4:11-26, 1952. https://journals.sagepub.com/doi/pdf/10.1080/17470215208416600
- Hyman, R. « Stimulus information as a determinant of reaction time ». *Journal of Experimental Psychology*, 45:188-196, 1953.

FICHE #10
IDENTIFIEZ LES MODÈLES MENTAUX DE VOS UTILISATEURS

La théorie

Pour nous adapter à notre environnement, nous percevons une situation et nous agissons en conséquence ; c'est le *couplage perception-action*. Notre action va alors provoquer (ou non) quelque chose dans l'environnement, auquel nous allons réagir.

Le principe est le même lorsqu'un utilisateur découvre un logiciel, une application ou un site. Il se fera une idée de la manière dont le service fonctionne, qu'il projettera sur le service pour planifier des actions.

Plus précisément, Donald Norman décrit, dans sa théorie de l'action, la psychologie d'une personne réalisant une tâche et définit sept étapes consécutives :

1. Établissement du but : on forme une représentation mentale de l'état à atteindre.
2. Formation d'un plan ou intention d'action : c'est l'état précis de ce qui doit être fait pour atteindre le but.
3. Spécification d'une suite d'actions à effectuer pour produire l'effet de l'intention.
4. Exécution des actions planifiées.
5. Perception de l'état du système : il s'agit de percevoir les répercussions des actions réalisées.
6. Interprétation de l'état du système : l'utilisateur va donner du sens à ce qu'il perçoit.
7. Évaluation de l'état par rapport au but fixé : comparaison de ce qui est obtenu avec ce qui était attendu.

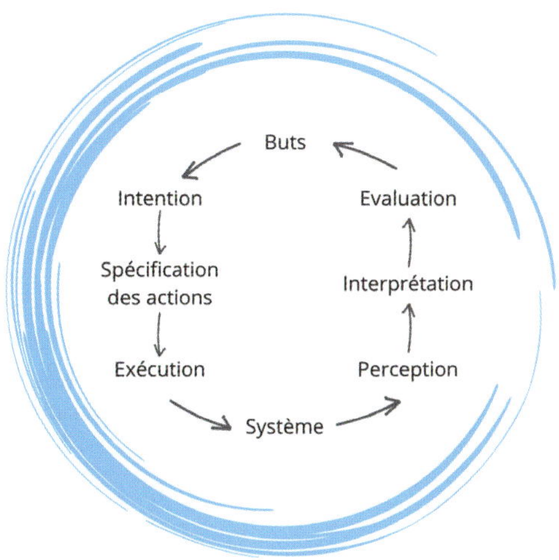

Figure 3-11 Représentation de la théorie de l'action de Norman

Il y a donc la phase d'action : par rapport à la situation actuelle, l'utilisateur établit des buts à atteindre, puis se forme des intentions qui lui permettront d'atteindre ces buts. Ces intentions seront ensuite transformées en une suite d'actions.

Ensuite, lorsque le système va réagir (ou ne pas réagir), l'utilisateur va évaluer son action : il perçoit l'état du système. Ensuite, il interprète cet état et l'évalue par rapport aux buts fixés au départ.

Ce sont les croyances (agrégats de connaissances, suppositions, extrapolations) qui vont orienter l'action, c'est-à-dire que les buts, les intentions et les actions de l'utilisateur en dépendent. Par exemple, s'il pense qu'une action n'est pas possible dans un logiciel, alors il ne se donnera pas ce but à atteindre.

Qu'est-ce qu'un modèle mental ?

Un modèle mental est une représentation permettant de simuler mentalement le déroulement d'un phénomène pour anticiper les résultats d'une action. Plus simplement, c'est ce que *l'utilisateur croit comprendre de la manière dont le système fonctionne*.

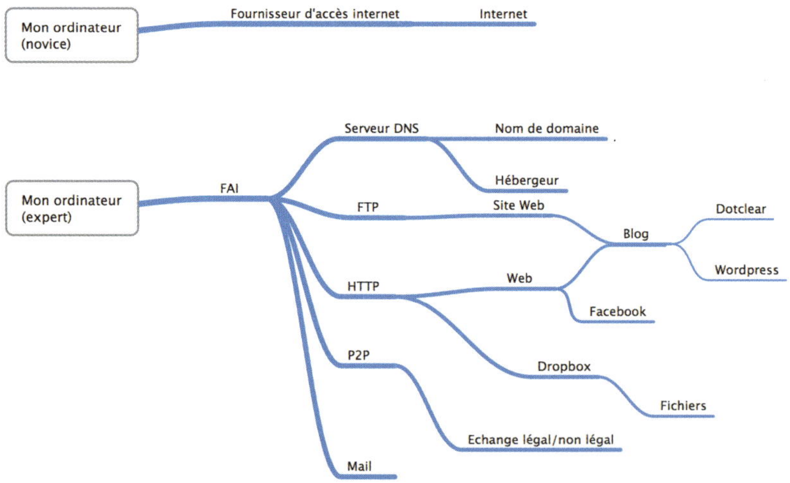

Figure 3-12 Représentation d'Internet par un novice (en haut) et un expert (en bas), selon Raphaël Yharrassarry, dans son article « Introduction à la psychologie cognitive appliquée au Web »
Source : blog iergo : blocnotes.iergo.fr/articles/introduction-a-la-psychologie-cognitive-appliquee-au-web/

On parle bien ici de croyances et non de connaissances. Nous transférons nos attentes de la manière dont le système fonctionne, sur la base d'expériences similaires. Ainsi, nos modèles mentaux sont clairement construits par nos expériences antérieures. En voici un exemple : avant même d'entrer sur un site web, on s'attend à :

- trouver un menu, soit en haut de la page, soit à gauche ;
- pouvoir revenir à la page d'accueil en cliquant en haut à gauche sur le logo du site.

Comment l'appliquer ?

En tant que designers UX, nous devons bien comprendre comment fonctionnent nos utilisateurs, notamment quels sont leurs *modèles mentaux*, pour mieux répondre à leurs besoins au bon moment.

Or, nous devenons des experts de l'interaction humain-système ; *nos modèles mentaux sont donc différents de ceux de nos utilisateurs.* Charge à nous de bien identifier les modèles de ces derniers. Et attention, ils peuvent varier selon les groupes d'utilisateurs.

Il est donc toujours essentiel de s'assurer que les modèles mentaux des utilisateurs de nos services sont bien alignés avec les principes d'interaction que nous leur proposons.

Lorsque certains parlent de système « intuitif », il s'agit par exemple d'une application qui pourrait être simplement comprise par des utilisateurs ne l'ayant jamais essayée. Il s'agit en fait simplement d'une application qui est congruente avec les modèles mentaux de ses utilisateurs et qui respecte les codes déjà appris.

Soyez au clair avec les modèles mentaux de vos utilisateurs

Ainsi, il s'agit donc de bien comprendre les *raisonnements* et les *attentes de vos utilisateurs*. Lorsqu'ils se comportent d'une manière inattendue par rapport à ce que vous espériez, c'est souvent parce qu'ils n'ont pas les mêmes modèles mentaux que vous. Leurs raisonnements passent par des chemins différents, que vous n'aviez pas nécessairement anticipés. Les modèles mentaux peuvent faciliter, mais aussi empêcher un *usage fluide* de la part des utilisateurs.

Le meilleur moyen d'y arriver est de faire régulièrement des tests auprès d'utilisateurs aguerris, mais aussi auprès de novices. Cela vous mettra en tête leurs représentations mentales et vous aidera à leur proposer des organisations totalement adaptées.

À retenir

- La perception d'un service dépend des attentes de vos utilisateurs.
- Ces attentes sont construites à partir de leurs expériences antérieures.
- Pour comprendre les modèles mentaux de vos utilisateurs, il vous faudra comprendre leurs *raisonnements* et *attentes*, qui vous serviront de guides pour la conception de vos interfaces.
- Le moyen le plus simple pour être en phase avec les modèles mentaux de vos utilisateurs est de réaliser régulièrement des tests auprès de ces derniers.

Le saviez-vous ?

Il y a quelques années, le retour à l'accueil d'un site pouvait se faire via une icône représentant une maison, là où il y a tous les outils.

Récemment, un designer me parlait d'un de ses projets sur lequel il travaillait avec des utilisateurs africains. Ces derniers ne sont pas du tout habitués à interagir avec des sites web. Il avait fait des tests utilisateurs avec eux et s'était rendu compte que le concept de maison ne fonctionnait pas pour définir la page d'accueil. Ce n'était pas clair pour eux.

Alors, en échangeant avec eux, il proposa le concept de place du marché, qui leur parlait davantage. En effet, c'est l'endroit où on trouve tout ce dont on a besoin.

Figure 3-13 Icônes « maison » et « place du marché » pour représenter le retour vers la page d'accueil

Cette anecdote montre en quoi un design se comprend toujours au sein d'une culture donnée. Si vous concevez pour une autre culture, assurez-vous d'être bien compris par vos utilisateurs.

En savoir plus

- Un article du blog de Raphaël Yharrassarry sur la psychologie cognitive appliquée au Web : https://blocnotes.iergo.fr/articles/introduction-a-la-psychologie-cognitive-appliquee-au-web/
- Un cours OpenClassrooms sur les modèles mentaux : https://openclassrooms.com/fr/courses/5248811-appliquez-la-psychologie-au-design/5588266-proposez-un-design-reposant-sur-les-modeles-mentaux
- Un cours OpenClassrooms sur les tests utilisateurs : https://openclassrooms.com/fr/courses/5192236-menez-une-recherche-utilisateur/5448691-apprenez-beaucoup-grace-aux-tests-utilisateur

FICHE #11
ÉVITEZ LA SURCHARGE COGNITIVE

Fiche co-écrite avec **Carole Laimay**

La théorie

La mémoire

Nous parlons de LA mémoire, mais en réalité il en existe plusieurs formes. En 1958, Broadbent a proposé un modèle séparant mémoire à long terme et mémoire à court terme.

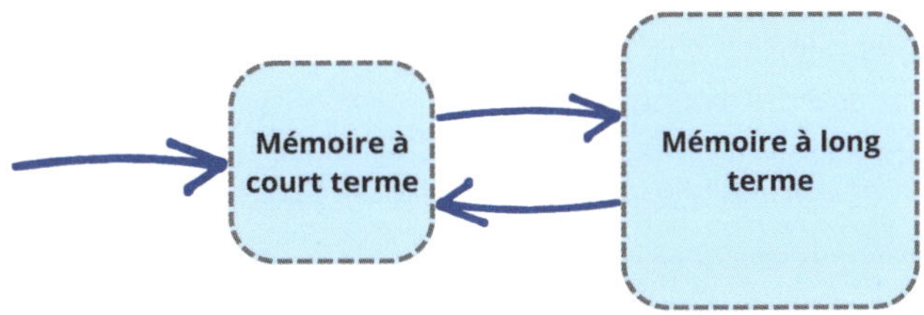

Figure 3-14 Relation entre mémoire à court terme et mémoire à long terme
Source : image issue du livre *Introduction à la psychologie cognitive*, Alain Lieury et Laure Léger, Dunod (2020)

La **mémoire à long terme** stocke toutes les informations d'un être humain : le nom du chien qu'il avait enfant, l'odeur de la tarte aux pommes de sa grand-mère, les musiques qui passent à la radio, etc. Le chercheur Squire (1987) la divise en deux catégories :

- La **mémoire déclarative** est celle qui stocke toutes les informations susceptibles d'être ensuite retrouvées sous forme verbale. Elle regroupe la mémoire **épisodique** et la mémoire **sémantique**. La première retient les événements de notre vie avec leurs contextes ou les histoires. La seconde correspond à la mémoire encyclopédique. C'est grâce à elle qu'on se souvient des tables de multiplication ou du nom de son auteur préféré.
- La **mémoire procédurale** englobe les apprentissages et les habiletés motrices. C'est elle qu'on mobilise par exemple pour faire du vélo ou jouer d'un instrument de musique.

La **mémoire à court terme** est une mémoire « tampon » qui traite toutes les informations qui arrivent de l'environnement de l'utilisateur (ce qu'il voit, entend, touche, sent). On l'appelle également **mémoire de travail.**

Une des caractéristiques de la mémoire à court terme, c'est qu'elle est limitée (contrairement à celle à long terme qui est illimitée). Il est trop complexe de faire une division à quatre chiffres et de réciter l'alphabet à l'envers en même temps.

Faites le test

Nous avons parlé de différents types de mémoire. Pour chacune des propositions suivantes, indiquez s'il s'agit de mémoire :

A. à court terme
B. à long terme déclarative épisodique
C. à long terme déclarative sémantique
D. à long terme procédurale

1. Jouer au piano la « Lettre à Élise »
2. Réaliser cette opération de tête : 6 × 9 + 78
3. Raconter votre dernier voyage
4. Dresser la liste de tous les fleuves d'Afrique
5. Savoir quelle est la capitale du Zaïre
6. Savoir à quelle heure vous devez partir pour arriver à 13 heures, sachant que vous avez 1 h 13 de train, 20 minutes de marche et que vous devez passer acheter du pain
7. Exposer votre parcours professionnel

Réponses en bas de page

L'attention

Afin de ne pas trop surcharger notre mémoire à court terme, l'attention joue un rôle important. Selon Eysenck (1994), il existe deux types d'attention :

- L'**attention partagée** permet de traiter plusieurs données en même temps. Par exemple, j'écoute de la musique tout en conduisant.
- L'**attention sélective** permet de faire le tri dans les stimuli qui arrivent jusqu'à nous. Par exemple, je suis en train de conduire avec de la musique et j'ai un créneau compliqué à effectuer ; mon cerveau va occulter la musique pour mieux me concentrer sur la manœuvre. L'attention est donc sélective et inhibante.

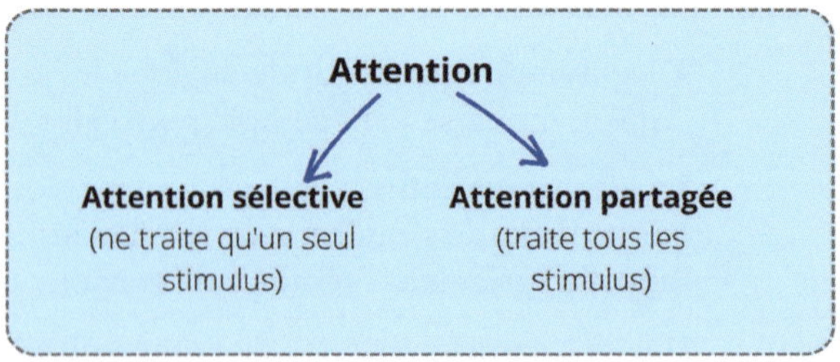

Figure 3-15 Schéma des caractéristiques de l'attention, d'après Eysenck (1994)
Source : Chanquoy, L., Tricot, A. & Sweller, J. (2007). *La charge cognitive : théorie et applications*. Armand Colin.

1D ; 2A ; 3B ; 4C ; 5C ; 6A ; 7B

Faites le test

Votre attention sélective est-elle suffisamment efficace pour éliminer un son concurrent lorsque vous mémorisez une liste de mots ?

Voici deux listes de mots communs équivalents :

- Dans un premier temps vous allez mémoriser les dix mots dans un silence complet.
- Ensuite, mettez la radio ou un autre média où une personne parle et mémorisez la seconde liste.

Donnez-vous une minute pour mémoriser les dix mots dans les deux conditions.

C'est parti !

Liste 1	Liste 2
Chaise	Bleu
Baignoire	Cahier
Cuillère	Bus
Cerisier	Fourchette
Pull	Pantalon
Football	Chaise
Vert	Chien
Livre	Basket
Chat	Armoire
Tram	Figuier

Alors, quel est votre résultat ? Avez-vous eu plus de mal à mémoriser la seconde liste ?

Si oui, c'est normal. Même si vous êtes capable de focaliser votre attention sur l'apprentissage en ignorant la voix qui parle, cette dernière interfère sur votre tâche d'apprentissage et crée une surcharge cognitive, qui est néfaste pour votre performance.

Trop d'information tue l'information. Le cerveau de l'utilisateur doit éviter de garder trop d'informations dans sa mémoire à court terme. Lorsqu'il est confronté à trop de stimuli et que sa mémoire de travail est saturée, on parle de surcharge cognitive.

Comment faire pour aider l'utilisateur à ne pas avoir à trier lui-même les informations et ainsi lui simplifier la tâche ?

Comment l'appliquer ?

Avez-vous déjà expérimenté une interface « sapin de Noël » ? On y trouve du texte, des boutons, des images et des couleurs partout ! Dans ce cas, l'utilisateur est perdu face à autant d'informations. Il a du mal à utiliser son filtre attentionnel et sa mémoire de travail est surchargée ; il est donc en surcharge cognitive.

Afin d'éviter cette situation, vous pouvez vous référer aux critères ergonomiques de Bastien et Scapin (1993) et plus précisément aux critères de guidage, de charge de travail et de gestion des erreurs.

Critère de guidage

« Le guidage est l'ensemble des moyens mis en œuvre pour conseiller, orienter, informer et conduire l'utilisateur lors de ses interactions avec l'ordinateur (messages, alarmes, labels, etc.), y compris dans ses aspects lexicaux. »

Nous devons donc mettre en valeur les informations qui servent l'utilisateur. Il s'agit de privilégier la simplicité et d'éviter de trop remplir. Un seul bouton qui indique l'action à effectuer suffit, sinon le message est brouillé et l'utilisateur a trop d'informations à traiter. Ces items doivent être bien visibles.

La page d'accueil de Cdiscount (figure 3-16 gauche) présente beaucoup d'incitations et risque ainsi de *perdre* l'utilisateur. À l'inverse, celle de Getaround (figure 3-16 droite) montre de manière claire quelle action est attendue de la part de l'utilisateur.

Figure 3-16 Mauvais et bon exemples de l'application du critère de guidage
Source : cdiscount.com et fr.getaround.com

Critère de charge de travail

« Le critère charge de travail concerne l'ensemble des éléments de l'interface qui ont un rôle dans la réduction de la charge perceptive ou mnésique des utilisateurs et dans l'augmentation de l'efficacité du dialogue. »

Comme pour le point précédent, les auteurs proposent de simplifier et de réduire le nombre d'informations à mettre en avant : ils parlent de « brièveté ». On peut par exemple réduire la longueur des textes ou le nombre d'actions à effectuer pour arriver à un but.

De même, la « densité informationnelle » est importante pour eux, l'idée étant de ne pas avoir trop d'informations à montrer simultanément.

La figure 3-17 présente à gauche un menu très long avec beaucoup de catégories, alors qu'à droite le site a réduit son nombre d'entrées pour faciliter le choix de l'utilisateur.

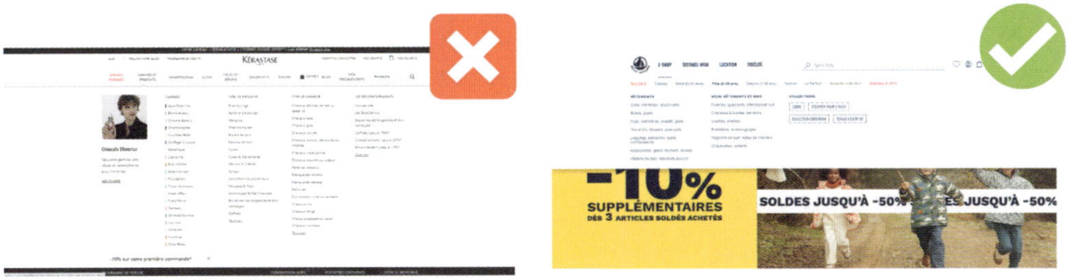

Figure 3-17 Mauvais et bon exemples de l'application du critère de charge de travail
Source : kerastase.fr et petit-bateau.fr

Critère de gestion des erreurs

« Le critère gestion des erreurs concerne tous les moyens permettant d'une part d'éviter ou de réduire les erreurs et, d'autre part, de les corriger lorsqu'elles surviennent. Les erreurs sont ici considérées comme des saisies de données incorrectes, des saisies dans des formats inadéquats, des saisies de commandes avec une syntaxe incorrecte, etc. »

Si les erreurs du système sont bien évitées et corrigées, alors cela réduit la charge cognitive de l'utilisateur. Pour cela, les auteurs préconisent de soigner les messages d'erreur afin de les rendre compréhensibles, mais également d'anticiper les erreurs potentielles. Nous proposons une manière de rédiger les messages d'erreur à la fiche 12.

Sur la figure 3-18 à gauche, le message n'est compréhensible que par des personnes ayant un profil technique (et encore !), alors qu'à droite le moteur de recherche corrige l'erreur d'orthographe « crahime » (crème) en proposant tout de même des crèmes.

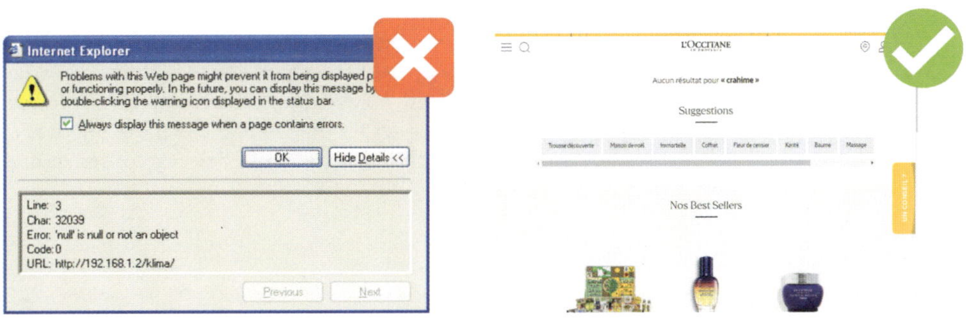

Figure 3-18 Mauvais et bon exemples de l'application du critère de gestion des erreurs
Source : loccitane.com

L'être humain est complexe et un designer peut améliorer sa vie en prenant en compte ses forces, mais aussi ses limites. Dans le cas de la surcharge cognitive, sa mémoire à court terme et son attention lui permettent d'effectuer des actions mais il se retrouve rapidement limité par celles-ci. C'est pour cela que les designers peuvent les aider en limitant le nombre d'éléments ou d'interactions à effectuer en même temps quand ils utilisent des produits et services. Suivre les bonnes pratiques d'ergonomie est un bon point de départ pour améliorer leur expérience.

À retenir

- Il existe plusieurs formes de mémoire : mémoire à long terme et mémoire à court terme.
- La mémoire à long terme est soit déclarative (et comprend la mémoire épisodique et la mémoire sémantique), soit procédurale.
- La mémoire à court terme est également appelée mémoire de travail.
- On parle de surcharge cognitive lorsque la mémoire de travail est saturée par trop d'informations.
- Trois critères de Bastien et Scapin (1993) permettent d'éviter la surcharge cognitive : le guidage, la charge de travail et la gestion des erreurs.

Bibliographie

- Bastien, J. M. C. & Scapin, D. L. (1993). *Critères ergonomiques pour l'évaluation d'interfaces utilisateurs*. Rapport technique INRIA.
- Chanquoy, L., Tricot, A. & Sweller, J. (2007). *La charge cognitive : théorie et applications*. Armand Colin.
- Lieury, A. & Léger, L. (2020). *Introduction à la psychologie cognitive*. Dunod.

Carole Laimay[2] est issue d'un master en psychologie/ergonomie (2009). Pendant plus de dix ans, elle a travaillé en tant que designer auprès de nombreuses organisations variées. Aujourd'hui, elle accompagne et forme aux méthodes de design centrées sur les utilisateurs. Elle porte une attention particulière au plaisir et à l'éthique au travail des entreprises qu'elle accompagne.

2. www.carole-laimay.com

FICHE #12
VOS UTILISATEURS FONT DES ERREURS

Ne dit-on pas que « l'erreur est humaine » ?

La théorie

Les concepteurs d'un service prévoient les usages futurs des utilisateurs. On conçoit en imaginant que tout se passe bien : il n'y a pas de bogue dans le code, la connexion à Internet est bonne et les utilisateurs font ce qui est prévu par le concepteur. Or, on sait qu'il existe toujours un décalage entre, d'une part, les usages prévus et, d'autre part, les usages réels :

- Les contextes d'usage varient : par exemple, un système de reconnaissance vocale fonctionnera moins bien dans un contexte bruyant comme en transport en commun.
- Les modèles mentaux des utilisateurs sont parfois différents de ce que s'imaginent les concepteurs. Ils ne sont donc pas pris en compte (voir section « Exemple de transposition d'usage »).
- Les iconographies ou le vocabulaire utilisé et les textes peuvent être mal ou pas compris (voir section « Exemple de vocabulaire ambigu » plus loin).

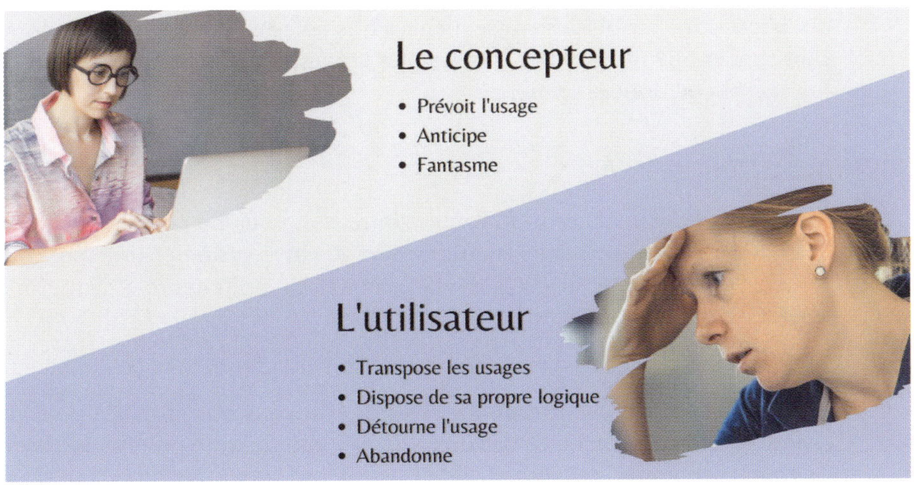

Figure 3-19 Représentation de la dissonance entre concepteur et utilisateur

Ainsi, le concepteur prévoit les usages futurs, avec plus ou moins d'informations à sa disposition. Il anticipe ce que seront ces usages, souvent sans penser à d'autres utilisations. Il fantasme également ce que serait un usage idéal et optimal de son service.

De son côté, l'utilisateur transpose les usages qu'il fait d'autres services similaires (voir section « Exemple de transposition d'usage »). Il projette les propriétés et fonctionnement d'un système qu'il connaît déjà sur le système actuellement utilisé. Il part du postulat qu'en actionnant les mêmes commandes, il accédera aux mêmes résultats.

C'est ce que nous faisons lorsque nous prenons en main une voiture que nous n'avons jamais conduite : nous transposons les usages que nous avons expérimentés auprès de tous les modèles déjà conduits. Or, si heureusement les pédales sont toujours à la même place, ce n'est pas le cas d'autres commandes comme le régulateur de vitesse, ou les clignotants. Il m'est même arrivé d'arriver en retard à un rendez-vous car j'ai cherché, ce jour là, durant vingt bonnes minutes à démarrer un véhicule de location... Ne parlons pas de la trappe pour ouvrir l'accès au réservoir d'essence.

Il ne faut pas oublier que l'utilisateur dispose de sa propre logique, qui n'est pas toujours connue du concepteur. Notamment, lorsqu'il s'agit d'un outil métier, il est regrettable de constater que, souvent, la phase de recherche utilisateur est trop courte pour comprendre correctement les logiques des futurs utilisateurs. Cela crée beaucoup de confusion et, à terme, de frustration.

Parfois, l'utilisateur abandonne l'usage de certains outils qui ne sont pas adaptés à son activité. Il peut aussi en détourner l'usage. Par exemple, mes étudiants utilisent parfois Figma, le logiciel de maquettage, pour créer leurs supports de présentation. Cela leur donne un design de présentation en cohérence avec leurs maquettes.

Les erreurs ont parfois des conséquences très néfastes sur l'expérience de vos utilisateurs. Elles rendent pénibles, voire impossibles certaines actions. Accorder un soin particulier aux erreurs est donc essentiel.

Comment l'appliquer ?

Les erreurs humaines ont différentes sources et vous ne pouvez pas toutes les prévoir. Vous devez cependant, dans la conception de votre système, anticiper toutes les incompréhensions ou manipulations déviantes que vos utilisateurs effectueront et prévoir la réparation des erreurs. C'est un point crucial.

Selon Bastien et Scapin, il y a trois axes de travail pour bien gérer les erreurs :

- **Protection contre les erreurs**. Il s'agit des moyens mis en place pour détecter et prévenir les erreurs à l'entrée des données. Il peut s'agir de préciser le format de données attendu (ex. jj/mm/aaaa pour la date), le nombre maximum de caractères pour une plage de texte, ou le poids à ne pas dépasser pour un fichier.
- **Qualité des messages d'erreur**. Cela concerne la pertinence, la facilité de lecture et l'exactitude de l'information donnée aux utilisateurs sur la nature des erreurs commises et sur les actions à entreprendre pour les corriger (voir encadré sur la méthode de rédaction).

- **Correction des erreurs**. Il s'agit des moyens mis à la disposition des utilisateurs pour qu'ils corrigent leurs erreurs.

Figure 3-20 Représentation des trois axes de travail pour une bonne gestion des erreurs selon Bastien et Scapin

Souvent, en tant que concepteurs, nous n'apportons pas un soin suffisant aux messages d'erreur. Dans l'idéal, il faudrait penser à tous les types d'erreur susceptibles de survenir. Le plus possible, nous devons prévoir des messages ou des interventions qui donnent les moyens aux utilisateurs de comprendre et de réparer leurs erreurs.

C'est au moment où nous pensons les parcours qu'il faut envisager toutes les « sorties de route » possibles afin de les prévenir.

Exemple de vocabulaire ambigu

Il existe un mot très souvent utilisé dans les interfaces, mais qui n'a pas tout à fait la même signification en France et au Québec : télécharger.

En France, nous n'utilisons qu'un seul terme pour récupérer un document depuis un serveur vers notre appareil (ordinateur, tablette ou mobile) et pour le transmettre. Dans les deux cas, nous parlons du terme « télécharger ».

Au Québec en revanche, on utilise deux termes : « télécharger » et « téléverser ». Ce dernier est utilisé lorsqu'il s'agit de transmettre un document vers un serveur. L'utilisation d'un seul terme risque de porter à confusion et de créer des erreurs.

Figure 3-21 Copie d'écran du tutoriel permettant de rentrer les grilles de notes à l'université de Laval (Canada)
Source : ene.ulaval.ca[3]

La figure 3-21 montre l'utilité des deux termes distincts. Cette page explique aux enseignants comment rentrer les grilles de résultats des étudiants : ils doivent tout d'abord télécharger la grille depuis le serveur, puis la téléverser après l'avoir complétée. Ainsi, le menu déroulant propose deux actions distinctes :

- **Télécharger la grille des résultats** ;
- **Téléverser la grille des résultats**.

En France, étant donné que le terme « téléverser » n'est pas usuel, comment auriez-vous rédigé ce menu déroulant ?

Exemple de transposition d'usage

Comment rester bloquer sur l'interface de recherche de train sncf.com ?

Il y a quelques années, j'avais proposé à des utilisateurs potentiels un scénario dans lequel ils devaient partir de Nantes et se rendre à Lille pour une conférence[4]. Pour cela, ils devaient utiliser le site de la SNCF. Sur celui-ci, il fallait indiquer (figure 3-22) :

- la gare de départ ;
- la gare d'arrivée ;
- la date de l'aller ;
- la date du retour ;
- l'heure à compter de laquelle la personne souhaitait partir (voir copie d'écran suivante).

3. https://www.ene.ulaval.ca/monportail-sites-de-cours/enseignants-telecharger-ou-televerser-la-grille-de-resultats-avec-excel

4. Voir aussi l'explication en conférence : youtu.be/kXWmZPgWQ1s?t=1046

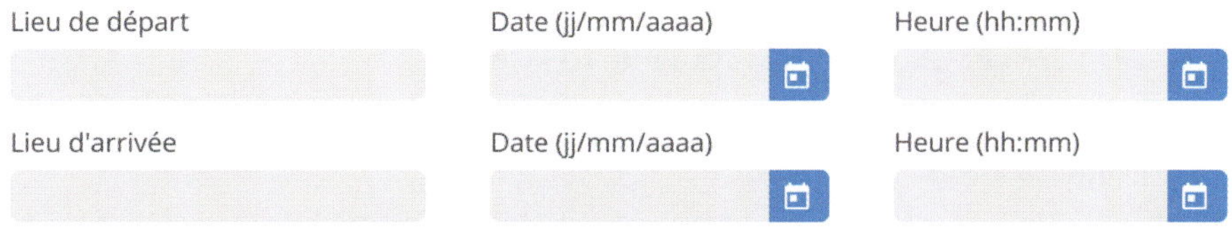

Figure 3-22 Reconstitution de la recherche de train sur sncf.com

Une personne avait indiqué sa gare de départ, sa gare d'arrivée et le jour de son départ.

Cette personne ne prend jamais le train, mais est habituée aux interfaces de transports en commun, sur lesquelles il n'est généralement pas possible de prévoir à la fois l'aller ET le retour. Il est proposé à l'utilisateur de choisir un trajet. De plus, sur ces interfaces, on peut choisir soit de partir à une certaine heure, soit d'arriver avant une certaine heure. Par exemple, *via* l'interface RATP (figure 3-23), nous pouvons choisir un trajet à partir soit d'une heure de départ, soit une heure d'arrivée. Or, ce n'est pas le cas sur le site de réservation de billets de train.

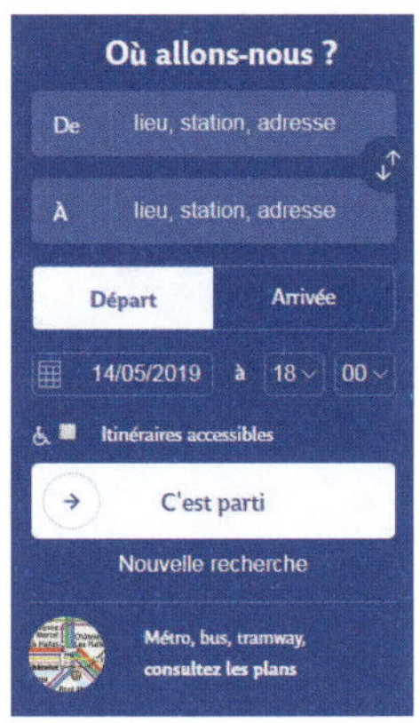

Figure 3-23 Recherche d'itinéraire de transport en commun sur ratp.fr
Source : ratp.fr

Cette personne s'était donc constitué un modèle mental (fiche 10) de la manière dont fonctionnent les interfaces de prévision de trajets à partir de celles de transports en commun. Elle s'était *donné un but* : consulter l'itinéraire aller. Elle avait donc formé un *plan d'action reposant sur ce but*, mais elle ne comprenait pas pourquoi on lui demandait un second horaire **à partir de**. Cela ne correspondait plus à son modèle mental.

Or, la réservation d'un billet de train fonctionne différemment, puisque nous recherchons non seulement un trajet aller, mais aussi un trajet retour.

L'erreur de compréhension venait du fait que cette personne avait calqué son usage des sites pour chercher des itinéraires de transport en commun sur l'interface de la SNCF.

Elle pensait donc que la seconde ligne correspondait au choix d'un horaire auquel le train allait arriver (ex. arriver avant 17 heures).

Ainsi, la représentation mentale de cette personne l'empêchait de comprendre réellement ce que le site lui demandait.

Vous voyez, en tant que concepteur, il est difficile d'anticiper cette interprétation. Pourtant, lorsque la personne explique sa logique, cela semble tout à fait cohérent de son point de vue.

Il est amusant de constater qu'à l'heure où j'écris ces lignes, la SNCF propose cette possibilité « arriver avant » (figure 3-24). Ont-ils lu la première édition de mon livre et apporté les modifications nécessaires ?

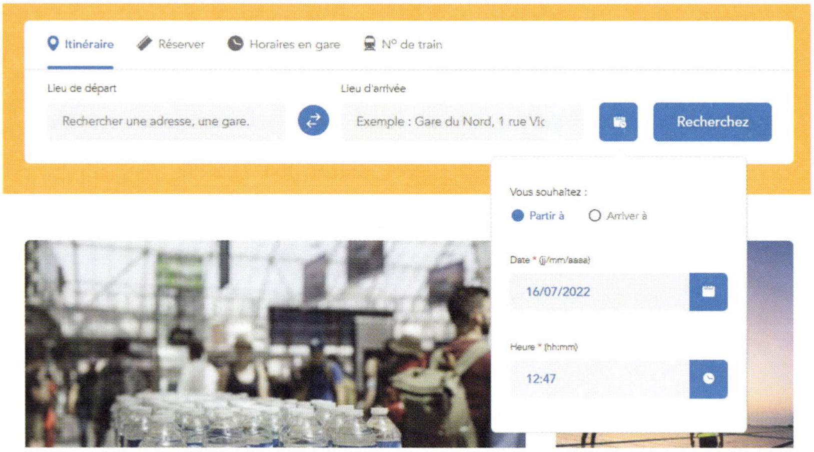

Figure 3-24 Formulaire de recherche d'itinéraire en train sur le site SNCF (2022)
Source : sncf.com/fr

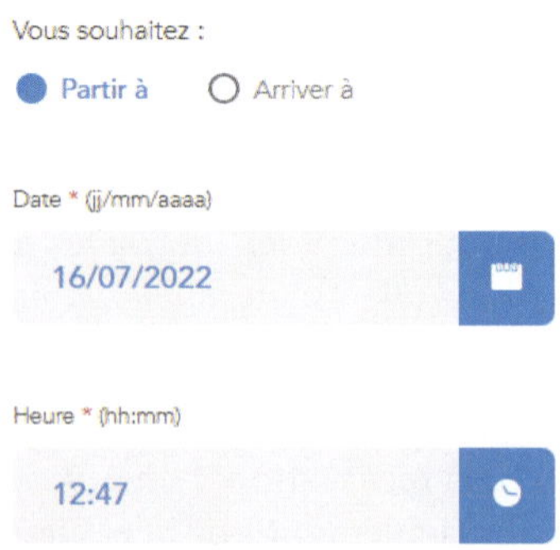

Figure 3-25 Détail du formulaire demandant de préciser les dates et horaires de départ ou d'arrivée
Source : sncf.com/fr

Comment rédiger un message d'erreur ?

Une petite recette qui fonctionne

1. Constatez ce qui vient de se passer : « Une erreur s'est produite ».
2. Expliquez d'où vient l'erreur : « Le téléchargement a pris trop de temps ».
3. Indiquez comment régler le problème : « Merci de vérifier votre débit Internet en cliquant sur le lien ci-dessous ».
4. Montrez un exemple.
5. Utilisez de préférence la voix active plutôt que passive. Au lieu d'indiquer que « La taille du fichier téléchargé ne doit pas dépasser 5 Mo », préférez « Vérifiez que la taille du fichier téléchargé ne dépasse pas 5 Mo ».
6. Usez et abusez de formules empathiques envers l'utilisateur et de mots de politesse : « s'il vous plaît », « merci de votre patience », « nous nous excusons pour cette gêne », « nous faisons le maximum »...

Par exemple, au lieu de dire :

« Erreur 402 : avant de passer au règlement, il est nécessaire que la date de paiement soit postérieure à la date de création de la facture. »

Dites plutôt :

« Vous avez indiqué une date de paiement de la facture antérieure à la date de création de la facture.

Vérifiez les dates et ressaisissez-les afin que celle du paiement soit postérieure à celle de création de la facture.

Merci. »

À retenir

- Le concepteur anticipe l'usage dans des circonstances idéales, alors que les contextes d'usage peuvent varier, les modèles mentaux des utilisateurs sont différents, les textes et iconographies peuvent être mal compris. Cela est source d'erreur pour l'utilisateur.
- Selon Bastien et Scapin, il y a trois axes pour gérer les erreurs : protection contre les erreurs, qualité des messages et correction des erreurs.
- Anticipez toutes les incompréhensions ou manipulations déviantes de vos utilisateurs et prévoyez en conséquence la réparation des erreurs (1) par l'intervention du système ou bien (2) en rédigeant des messages qui donnent les moyens aux utilisateurs de se corriger.
- Rédigez vos messages d'erreur en suivant la recette simple présentée dans cette fiche.

Le saviez-vous ?

Lorsqu'il survient une erreur, les utilisateurs mettent en place des stratégies pour la corriger. Kang et Yoon (2008) en ont identifié trois principales dans l'apprentissage de l'usage des nouvelles technologies :

- Exploration rigide : l'utilisateur fait toujours les mêmes actions, encore et encore.
- Exploration essai/erreur : l'utilisateur essaie de manière aléatoire différentes actions.
- Exploration systématique : l'utilisateur anticipe une action et la met en œuvre. Si cela ne fonctionne pas, il va explorer tous les menus et actions possibles afin de trouver ce qui, selon lui, pourrait convenir à son action. C'est différent de la stratégie essai/erreur dans laquelle l'utilisateur teste toutes les options.

Et vous, quel explorateur êtes-vous ?

Bibliographie

- Bastien, J.C. & Scapin, D.L. (1993). *Ergonomic criteria for the evaluation of human-computer interfaces* (Doctoral dissertation, Inria).
  https://hal.inria.fr/file/index/docid/70012/filename/RT-0156.pdf
- Kang, N.E. & Yoon, W.C. (2008). « Age- and experience-related user behavior differences in the use of complicated electronic devices ». *International Journal of Human-Computer Studies*, 66(6), 425-437.

Partie 2

CRÉEZ un impact

Créer un impact, c'est laisser une trace.

Comment construire cette expérience pour susciter le plus d'impact ? Vous trouverez des réponses dans cette partie 2. En comprenant mieux comment fonctionnent l'attention, la mémoire et ce qui les stimule, vous serez à même de proposer une expérience plus percutante et mémorable.

Soyez captivant, pour devenir inoubliable…

Captez l'attention et devenez mémorable

4

Sans attention, il n'existe ni expérience, ni souvenir. Votre premier travail en tant que designer UX est de capter l'attention de vos utilisateurs sur les éléments pertinents et qui feront sens pour eux. Facile non ? En réalité, il y a quelques ficelles à connaître. Comprenez tout d'abord que, si l'attention est indispensable, elle est aussi très fragile, surtout dans un monde connecté comme le nôtre. Apprenez donc à bien guider l'attention de vos utilisateurs. Sachez jouer avec la multimodalité pour expliquer des concepts complexes de manière simple. Recourez à l'émotion comme fixateur de mémoire puissant et, surtout, prenez conscience de la manière dont fonctionne l'oubli, afin d'y échapper.

DANS CE CHAPITRE

FICHE #13
L'ATTENTION EST SENSIBLE AUX DISTRACTIONS

La théorie

Vous l'aurez sans doute remarqué, notre capacité d'attention varie en fonction de nos conditions physiques et environnementales : fatigue, heure tardive, environnement bruyant… L'attention est très fragile.

Pour guider l'attention de vos utilisateurs vers le but à réaliser, vous devez veiller à limiter les sources de distraction.

Tout d'abord, faites le test suivant !

Avant de vous dévoiler en quoi consiste cet effet, je vous propose un petit test à faire vous-même. Rendez-vous sur la page suivante et suivez les instructions :

https://www.youtube.com/watch?v=def2xvKs_e4

C'est à vous ! Reprenons, que s'est-il passé ?

1. On vous a demandé de dire de quelles couleurs étaient les noms de couleur présentés :

ROUGE BLEU VERT

Figure 4-1 De quelles couleurs sont les noms de couleur (condition congruente) ?

Il fallait répondre : « rouge, bleu, vert ».

2. On vous a ensuite demandé de quelles couleurs étaient d'autres mots :

BIBLIOTHEQUE EXPOSITION COULEUR

Figure 4-2 De quelles couleurs sont ces mots ?

Il fallait répondre : « bleu, vert, rouge ».

3. On vous a enfin demandé de quelles couleurs étaient des noms de couleur ne correspondant pas à l'encre dans laquelle ils étaient présentés :

BLEU ROUGE VERT

Figure 4-3 De quelles couleurs sont les noms de couleur (condition incongruente) ?

Il fallait répondre : « rouge, vert, bleu ».

Ce test illustre ce qu'on appelle **l'effet Stroop**.

Vous avez remarqué que la dernière condition était particulièrement difficile. Pourquoi ? Nous avons la tendance « naturelle » à lire les mots. Il faut donc, avant d'en citer la couleur, inhiber ce processus de lecture et c'est très coûteux car il s'agit d'un processus surappris, donc automatique. Dénommer des couleurs demande plus de concentration.

On classe ces différents types d'opérations dans deux catégories de processus cognitifs :

- Les **processus automatiques**. Ils nécessitent très peu de ressources cognitives, soit parce que ce sont des phénomènes réflexes, comme tourner la tête vers un bruit fort et soudain, soit parce qu'ils ont été sur-appris, comme la lecture.
- Les **processus contrôlés**, comme la dénomination des couleurs. Ils sont coûteux car ils demandent un effort mental pour être activés. Cela correspond à toute activité mentale qui demande un peu de concentration car on ne la fait pas souvent ou parce qu'elle est complexe : réaliser une opération mathématique de tête, par exemple. Ce sont ces processus contrôlés qui perdent en efficience lors d'épisodes de fatigue, dans un environnement bruyant, ou sous l'emprise d'alcool ou de drogue.

Dans les deux premiers cas, vous deviez réaliser un processus contrôlé, mais vous n'aviez pas d'effet d'interférence pour vous perturber dans cette tâche.

Ce test Stroop, du nom de son découvreur, met donc en valeur les capacités d'inhibition d'un distracteur. Il est très souvent utilisé par des psychologues pour évaluer les capacités d'inhibition et donc ce qu'on appelle l'attention sélective. Un enfant ou un adulte qui mettrait beaucoup plus de temps à réaliser la condition dans laquelle il faut inhiber la lecture des noms de couleurs serait diagnostiqué comme ayant une faible capacité d'attention sélective. Cela risque de l'handicaper dans beaucoup de situations quotidiennes.

Comment l'appliquer ?

Certains sites jouent sur l'effet de distraction.

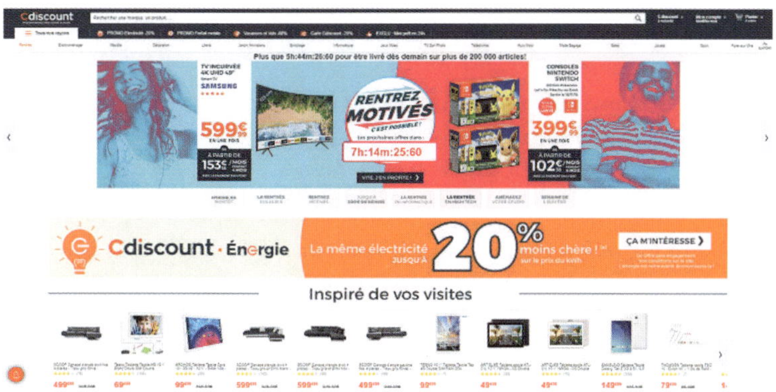

Figure 4-4 Page d'accueil du site cdiscount.com

La page d'accueil de Cdiscount (figure 4-4) présente énormément d'informations qui attirent l'attention. Tout est fait ici pour vous distraire. L'objectif est que vous achetiez autre chose que ce que vous étiez venu chercher au départ. Les catégories de produits sont accessibles, mais peu lisibles par rapport aux promotions du moment.

Dans l'exemple de la figure 4-5, au contraire, la simplicité de la page permet aux utilisateurs de se concentrer sur les produits présentés.

Figure 4-5 Page de présentation de produits du site El Naturalista

Une présentation simple et surtout bien ordonnée attire tout de suite l'attention des utilisateurs sur les produits.

Les conseils de Corinne Leulier :
vous avez réussi si l'utilisateur passe moins de temps sur votre service !

Pour un utilisateur, trouver rapidement ce qu'il recherche sur un site ou une application augmente sa satisfaction et c'est bon pour la planète : moins on navigue sur un site ou une app, moins on consomme d'énergie. Par ailleurs, moins il y a d'informations présentées, plus la charge mentale de l'utilisateur est allégée et son attention fixée sur ce qui est important pour lui.

En écoconception, on va toujours chercher à diminuer le temps passé par l'utilisateur sur ses parcours les plus fréquents : diminuer le nombre d'étapes et d'actions, supprimer les contenus inutiles et les cas d'échecs (ex. acheter sans inscription, mettre en avant les champs ou les filtres les plus utilisés). S'interroger sur le besoin des utilisateurs est donc essentiel pour rationaliser le nombre d'étapes nécessaires pour atteindre un objectif (et, dans le cas d'un formulaire à remplir, on se demandera si chaque champ est vraiment utile).

Pensez aussi à mettre en place des moyens alternatifs *low tech* en cas de problème ou dans le cadre d'une démarche administrative complexe : possibilité pour l'utilisateur d'appeler le service par téléphone, de se rendre dans un point d'accueil physique, ou d'utiliser un service par SMS.

Comment maintenir l'attention de vos utilisateurs ?

Accordez du soin à tous les aspects de lisibilité et d'organisation de l'interface pour guider l'œil de l'utilisateur.

Mettez en valeur les informations réellement importantes. Votre utilisateur arrive sur votre page. Qu'est-il venu chercher ? Il va falloir le guider pour qu'il arrive le plus rapidement possible à son objectif. Le mieux est de proposer un appel à l'action *(call-to-action)*, c'est-à-dire une action à effectuer dès son arrivée. Ainsi, vous guidez l'utilisateur et il sait où aller et quoi faire.

Par exemple, le site airbnb (figure 4-6) propose tout de suite de remplir le formulaire pour rechercher un logement à réserver. Ce site étant connu, il n'a pas besoin d'expliquer en quoi consiste son service.

Figure 4-6 Page d'accueil du site airbnb

Le site MailChimp (figure 4-7), moins connu, doit expliquer ce que son service apporte. Toutefois, au lieu de lister l'ensemble de ses fonctionnalités et de ses avantages, il en dit peu et se contente de donner envie aux utilisateurs d'en lire plus.

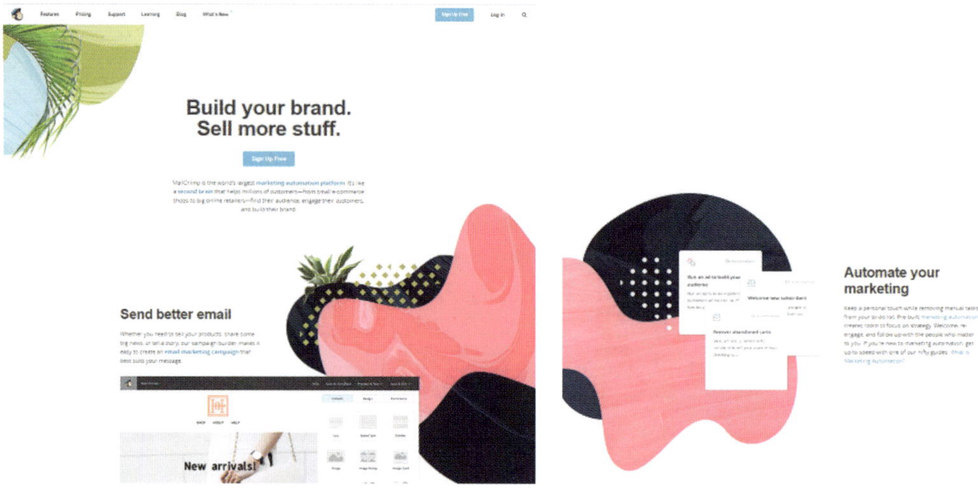

Figure 4-7 Page d'accueil du site MailChimp (été 2018)

Bien sûr, vous ne pourrez pas tout dire en un écran, mais il existe différents moyens de guider pas à pas vos utilisateurs vers plus d'informations. Consultez par exemple la fiche 19 sur la divulgation progressive.

> **La règle des trois clics est une fausse légende !**
>
> Vous avez sûrement entendu parler de la « règle des trois clics ». En réalité, le nombre de clics n'a pas d'importance. Les utilisateurs sont habitués à cliquer rapidement lorsqu'ils cherchent une information. Au contraire, ce qui, pour eux, serait préjudiciable, serait d'avoir à chercher l'information dont ils ont besoin parmi un trop-plein d'informations.

À retenir

- L'attention est très sensible aux *distracteurs*.
- Il existe des processus cognitifs automatiques et d'autres contrôlés. Ils n'ont pas du tout les mêmes propriétés et ne consomment pas les mêmes ressources cognitives.
- Inhiber un processus automatique (comme c'est le cas dans le test de Stroop) pour se concentrer sur une activité contrôlée est très coûteux en ressources cognitives.

- Pour obtenir toute l'attention de vos utilisateurs, proposez des interfaces simples et sobres avec le minimum de contenu.
- N'hésitez pas à reporter sur d'autres pages certaines informations.
- Ignorez la « règle des trois clics ».

Le saviez-vous ?

En sciences humaines, ce qui permet de consolider des résultats de recherche expérimentale est la *réplication*. Il s'agit de répéter l'expérience de départ dite *princeps*, afin de vérifier si on obtient les mêmes résultats. Souvent, il s'agit d'équipes de recherche différentes, dans différents pays et à différentes époques.

Cet effet Stroop a été répliqué plus de 700 fois dans des articles scientifiques. C'est énorme ! Je ne parle même pas du nombre de tests passés dans des cabinets de psychologues ou des classes de cours comme je le fais chaque année.

De plus, c'est un des articles les plus cités en psychologie expérimentale. Alors, à ce stade, cela relève de la culture générale.

En savoir plus

- L'effet Stroop, vidéo proposée par la bibliothèque municipale de Saint- Étienne-de-Saint-Geoirs
  https://www.youtube.com/watch?time_continue=2&v=def2xvKs_e4
- Stroop, J.R. « Studies of interference in serial verbal reactions », *Journal of Experimental Psychology*, 18 06, 643-662
  http://psychclassics.yorku.ca/Stroop/

FICHE #14
JOUEZ AVEC LA MULTIMODALITÉ POUR PROPOSER DU CONTENU COMPLEXE

Une image vaut souvent mieux qu'un long discours. Il est donc utile de présenter des illustrations en accompagnement d'explications textuelles.

Jouer avec les interactions entre textes, illustrations et explications orales aidera vos utilisateurs à mieux comprendre et mémoriser vos contenus. Et plus encore, cela augmente l'attractivité de votre site.

Les travaux sur la multimodalité ont été réalisés dans le but d'explorer quels types de documents multimédias étaient les plus favorables à l'apprentissage.

La théorie

Le principal risque lorsqu'on présente un contenu trop riche est la saturation cognitive : une quantité trop grande d'informations que le cerveau n'est plus capable d'intégrer, cela dépasse les capacités de traitement.

Imaginez que nos capacités de traitement de l'information soient un réservoir de volume limité. Il existe une voie d'écoulement de ces informations qui permet de les traiter. Cependant, si le réservoir se remplit trop vite d'un coup, alors il déborde. Dans ce cas, l'abandon de la tâche est hautement probable. Plus encore, les capacités de rétention des informations deviennent très faibles. En bref, on ne retient rien de ce qu'on vient de lire.

Pour pallier cette saturation, il est possible de répartir la charge cognitive entre les différentes modalités de présentation des informations : visuelles et auditives. La charge cognitive correspond au poids de traitement des informations.

Rentrons dans le détail de ce fonctionnement à l'aide du modèle CATLM de Moreno et Mayer (2007), traduit par Jamet (2008).

Comme nous le voyons sur la figure 4-8, les informations visuelles et auditives sont d'abord traitées par des canaux spécifiques :

- canal auditif : des explications données à l'oral ;
- canal visuel : les informations issues des illustrations et du texte.

Ensuite, si on alloue de l'attention à ces informations, elles sont traitées par la mémoire de travail. Il s'agit d'un centre de traitement qui réalise des opérations sur les informations reçues. En particulier, on y compare les éléments reçus par les textes, les images et les explications orales. Les informations sont organisées dans un tout cohérent, une représentation mentale intégrée (Jamet & Arguel, 2008). Ces opérations conduisent ensuite au stockage en mémoire à long terme : on va donc retenir ce que l'on vient de lire, d'entendre et de comprendre.

Ce modèle explique pourquoi, lorsque l'on répartit les informations entre les modalités écrites et orales, on se prémunit contre la surcharge cognitive.

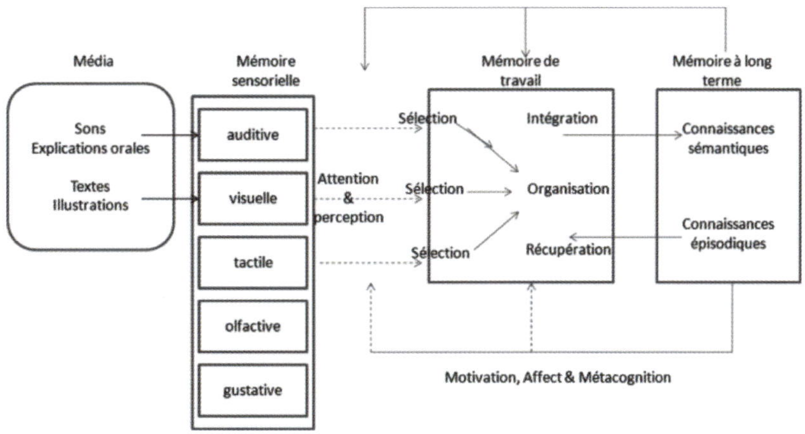

Figure 4-8 Modèle de la « Cognitive Affective Theory of Learning with Media » (CATLM) de Moreno et Mayer (2007) traduit par Jamet (2008)

En complément, un autre modèle aide à bien comprendre pourquoi présenter des informations sous forme de textes et d'images facilite leur intégration : le modèle de compréhension d'un document multimédia de Schnotz et Bannert (1999, 2003).

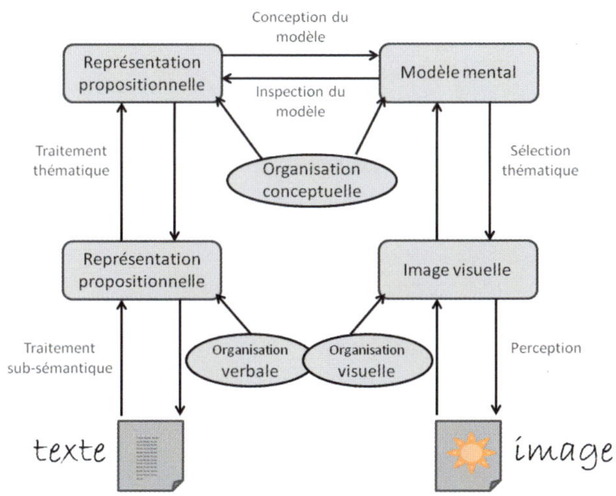

Figure 4-9 Modèle de compréhension du multimédia de Schnotz et Bannert (1999, 2003). Bétrancourt (2003). Des animations pour le dire. De l'efficacité des animations pour expliquer le fonctionnement de systèmes dynamiques. 25 nov. 2003.

Le principe est le même. Les informations présentées sous forme de textes ou d'images sont traitées par des canaux différents : traitement symbolique ou analogique. Cela limite la surcharge de chaque système de traitement et facilite l'intégration dans le modèle mental (fiche 10).

À quoi servent les illustrations dans les documents multimédias ?

Selon la chercheuse suisse Mireille Bétrancourt, les illustrations jouent plusieurs rôles dans les documents multimédias :

- Elles affectent l'attention du lecteur en l'attirant vers les points d'intérêt.
- Elles apportent un aspect affectif en augmentant le plaisir, en influençant les émotions et les attitudes.
- D'un point de vue cognitif, les illustrations facilitent l'apprentissage du texte en améliorant la compréhension et fournissent des informations additionnelles.
- Enfin, les illustrations compensent la compréhension chez les mauvais lecteurs.
- En particulier, souligne-t-elle, les illustrations ont un rôle esthétique, attractif et motivant, permettent d'identifier un objet, une scène ou d'organiser les informations spatiales ou temporelles, et d'utiliser l'espace comme métaphore d'autres relations.

Comment l'appliquer ?

Les illustrations statiques

Si vous présentez des illustrations statiques, vous pouvez répéter les éléments à apprendre dans le texte et l'image : proposez un schéma, accompagné d'une explication sous forme de texte qui en reprend les éléments. Cela améliore la compréhension et la mémorisation. Le mieux est d'intégrer spatialement le texte et l'image, c'est-à-dire que du texte vient appuyer ce que présente l'image.

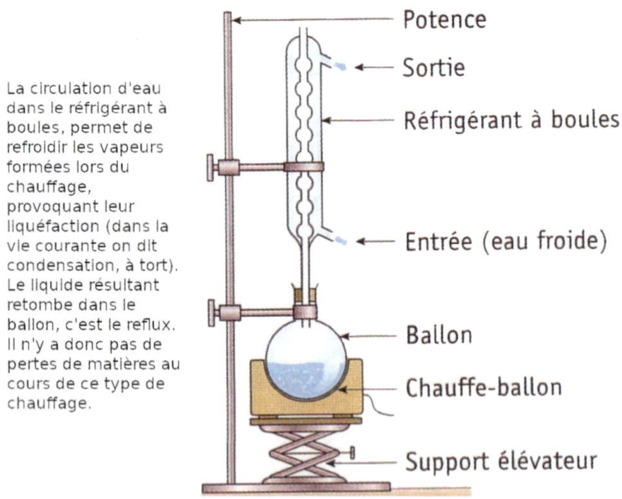

Figure 4-10 Exemple d'intégration du texte dans une image
Source : astrosurf.com/

Les illustrations dynamiques

Présenter des illustrations en plus d'un commentaire oral va améliorer grandement la compréhension et la mémorisation du contenu. Si la présentation est séquentielle, alors ce sera encore amélioré (Jamet & Arguel, 2008).

Attention, il ne s'agit pas de présenter les mêmes informations en redondance, car l'effet peut être négatif et on atteint vite la saturation cognitive. Il s'agit au contraire de présenter une illustration, accompagnée de commentaires oraux complémentaires ou explicatifs à l'illustration.

Pour une explication simple, l'oral est à préférer : le contenu sera alors mieux compris et retenu. En revanche, si vous proposez un contenu complexe qui demande l'élaboration d'un modèle mental (fiche 10), il vaut mieux présenter un texte, car les lecteurs maîtrisent alors le déroulé temporel de l'explication et prennent ainsi le temps d'intégrer les informations au fur et à mesure.

En effet, lorsque nous lisons un texte ardu, nous pouvons tout à fait faire une pause pour réfléchir à ce que nous venons de lire et intégrer les nouvelles informations aux anciennes. Cela demande parfois de réaliser une inférence, c'est-à-dire une « opération de logique qui consiste à admettre une proposition en raison de son lien avec une proposition préalable tenue pour vraie »[1].

À l'oral, inversement, les informations passent ; si nous souhaitons continuer à être attentif à ce qui nous est dit, nous ne pouvons pas réaliser ces inférences en même temps. Nous n'aurons donc pas le temps de bien comprendre ce qui est dit et de l'intégrer.

La multimodalité peut donc être très efficace pour améliorer la compréhension et la mémorisation de contenus, mais elle doit être bien pensée.

En complément, voici quelques conseils issus des travaux de Boucheix & Rouet (2007) :

- Si vous utilisez des animations pour améliorer la compréhension d'explications, il est mieux de les réserver pour les processus dynamiques (ex. fonctionnement d'un moteur, circulation d'un liquide).
- Les mouvements vont attirer l'attention. Donc, ce qui est animé doit être au centre de l'explication ou de l'apprentissage, sinon l'animation viendra gêner la compréhension du document.
- Il faut préférer des animations schématiques à des animations réalistes qui amènent plus de détails. Ainsi, les utilisateurs n'auront que les informations essentielles à traiter.
- De plus, si vous présentez un système complexe, par exemple le fonctionnement d'un système biologique, alors il est judicieux de séquencer le processus en étapes.
- Les animations sont accompagnées d'explications orales qui doivent être synchrones avec l'animation.

1. Définition du CNRTL (Centre national de ressources textuelles et lexicales)

- Dernier conseil : proposez une interactivité simple qui n'entre pas en conflit avec la bonne compréhension de ce que vous proposez. Par exemple, il peut s'agir de la possibilité de mettre l'animation en pause et de la reprendre.

À retenir

- Proposer une trop grande quantité d'informations ou de trop grande complexité peut amener une surcharge cognitive pour l'utilisateur. Un moyen d'y pallier est de jouer avec les différentes modalités de présentation des informations : schémas, textes, explications orales.
- Intégrez spatialement du texte et une image pour une illustration statique.
- Proposez des explications orales à partir d'illustrations séquentielles sans être en totale redondance.
- Pour une explication simple, préférez l'oral ; pour une explication complexe, préférez un texte.
- Utilisez les animations à bon escient : quand elles sont centrales à la compréhension, elles seront plutôt schématiques et séquencées, accompagnées d'explications orales.
- Il est intéressant d'ajouter une interaction pour que l'utilisateur maîtrise le déroulement de l'explication, si l'interaction reste simple d'usage.

Bibliographie

- Boucheix, J. M. & Rouet, J. F. (2007). « Les animations interactives multimédias sont-elles efficaces pour l'apprentissage ? » *Revue française de pédagogie. Recherches en éducation*, (160), 133-156.
  https://journals.openedition.org/rfp/832?lang=en
- Jamet, É. & Arguel, A. (2008). « La compréhension d'un document technique multimédia peut-elle être améliorée par une présentation séquentielle de son contenu ? » *Le travail humain*, 71(3), 253-270.
  https://www.cairn.info/revue-le-travail-humain-2008-3-page-253.htm?contenu=resume
- Bétrancourt, M. (2005). *Visualisation, multimédia et interactivité.*
  https://tecfa.unige.ch/tecfa/teaching/LME/betrancourt/multimedia.pdf
- Schnotz, W. & Bannert, M. (1999). « Einflüsse der Visualisierungsform auf die Konstruktion mentaler Modelle beim Text- und Bildverstehen ». *Zeitschrift für Experimentelle Psychologie*, 46(3), 217-236.
- Schnotz, W. & Bannert, M. (2003). « Construction and interference in learning from multiple representation ». *Learning and Instruction*, 13(2), 141-156.

En savoir plus

- Tricot, A. & Chevalier, A. (2015). *Ergonomie des documents électroniques*. Presses Universitaires de France.

FICHE #15
RECOUREZ À L'ÉMOTION COMME FIXATEUR DE MÉMOIRE

La théorie

Quels souvenirs gardez-vous du mois dernier ? De l'année dernière ? Il y a fort à parier que ce sont des souvenirs liés à des situations qui ont provoqué chez vous de l'émotion, n'est-ce pas ?

Les recherches ont montré que les émotions, même modérées, facilitent la mémorisation. Plusieurs phénomènes sont impliqués dans ce processus : 1) l'encodage, 2) la consolidation et 3) le rappel.

Tout d'abord, l'émotion, positive ou négative, va augmenter l'attention et l'élaboration cognitive de l'information qui sera confiée à la mémoire (Hamann, 2001). C'est la toute première étape pour que l'information soit conservée ; elle doit être vue.

Ensuite, elle est consolidée, c'est-à-dire que la trace mnésique peut être renforcée ou non. Encore une fois, les émotions jouent un rôle dans ce processus de consolidation, tout simplement car elles stimulent la rumination mentale et le partage social.

Attention, pour que l'émotion joue un rôle d'amplification de la mémoire, il faut qu'elle soit légère ou modérée. Dans le cas d'une émotion forte, nous pouvons oublier certains éléments du contexte.

Le psychologue Stephan Hamann a réalisé une expérience dans laquelle il présentait des mots et des images, dont une moitié était émotionnellement neutre et l'autre chargée en émotion. Cette dernière catégorie stimulait la partie du cerveau appelée amygdale, centre des émotions. Et les participants se souvenaient de deux fois plus de mots et d'images que pour la catégorie émotionnellement neutre.

L'émotion joue donc un rôle clé dans la mémorisation d'éléments liés à un stimulus émotionnel, positif ou négatif (Hamann, 2001).

Est-ce l'émotion positive ou négative qui laisse le plus de traces ?

Cela dépend du contexte de rappel.

Une information encodée dans un contexte d'émotion positive, sera mieux rappelée dans un futur contexte positif ; il en va de même pour une information encodée dans un contexte d'émotion négative qui sera mieux rappelée dans un contexte négatif (Hamann, Grafton & Kilts, 1999).

Deux types d'information viennent renforcer la mémorisation :

- Plus une information est pertinente, c'est-à-dire qu'elle correspond à ce qu'on recherche à un moment donné, mieux elle sera mémorisée.
- Plus une information est rare, mieux elle sera également mémorisée.

Comment l'appliquer ?

Vous voulez que vos utilisateurs se souviennent de votre service et reviennent facilement ?

Alors proposez-leur une expérience positive dont ils se souviendront. Vous avez de nombreuses cartes à jouer pour cela : une expérience sensorielle exceptionnelle à l'aide du graphisme, de musique ou de vidéo par exemple.

Vous pouvez également proposer une expérience particulièrement pertinente vis-à-vis des attentes de vos utilisateurs à un moment donné, ou encore un graphisme qui sorte du lot, une interactivité accrue ou surprenante (fiches 17 et 24).

Une autre solution simple pour apporter une contagion émotionnelle est d'humaniser vos interfaces (chapitre 8). La scénarisation est également un bon moyen d'ajouter de l'émotion à l'expérience de votre utilisateur (chapitre 6).

Vous le voyez, vous n'avez que l'embarras du choix pour sortir du lot.

À retenir

- Une situation qui va induire une émotion légère à modérée sera mieux remémorée.
- Une information encodée dans un contexte d'émotion positive sera mieux rappelée dans un futur contexte positif ; il en va de même pour une information négative.
- Plus une information est pertinente ou rare, mieux elle sera mémorisée.
- Proposez une expérience émotionnelle positive à l'aide d'une expérience sensorielle exceptionnelle, ou en étant très pertinent ou surprenant, ou encore en humanisant vos interfaces.

Bibliographie

- Hamann, S. (2001). « Cognitive and neural mechanisms of emotional memory ». *Trends in cognitive sciences*, 5(9), 394-400.
  http://citeseerx.ist.psu.edu/viewdoc/download?doi=10.1.1.461.5437&rep=rep1&type=pdf
- Hamann, S.B., Ely, T.D., Grafton, S.T. & Kilts, C.D. (1999). « Amygdala activity related to enhanced memory for pleasant and aversive stimuli ». *Nature neuroscience*, 2(3), 289.

FICHE #16
APPRENEZ COMMENT FONCTIONNE L'OUBLI

La théorie

« J'y pense, puis j'oublie, c'est la vie, c'est la vie », chantait… mais comment s'appelle-t-il déjà ? Ah oui ! Jacques Dutronc ! :-)

L'oubli est un mécanisme normal et nécessaire du système cognitif. Il permet d'actualiser les informations disponibles en mémoire et ainsi d'avoir des connaissances qui sont réellement utiles compte tenu de notre environnement. Notre capacité d'oubli participe donc à notre flexibilité cognitive.

Oubli et renforcement de la trace en mémoire

Ce dont on parle en creux lorsque nous évoquons l'oubli est la « trace mnésique » (ou trace en mémoire). J'aime beaucoup ce terme car je trouve son image assez juste : un souvenir est comme une trace formée dans le sable, qui mettra d'autant plus longtemps à s'effacer qu'elle est plus profonde.

Lors du tout premier apprentissage, la trace restera superficielle, à moins qu'elle ne soit soutenue par une émotion intense (fiche 15). Le graphique suivant montre la rapidité avec laquelle nous oublions ; ici, une liste de syllabes sans signification (exemple : « IFD » et « ZOF »). Au bout de 20 minutes, nous ne pouvons en rappeler que 60 % et, au bout de deux jours, il n'en reste que 30 %. En revanche, cet apprentissage résiduel sera oublié très lentement.

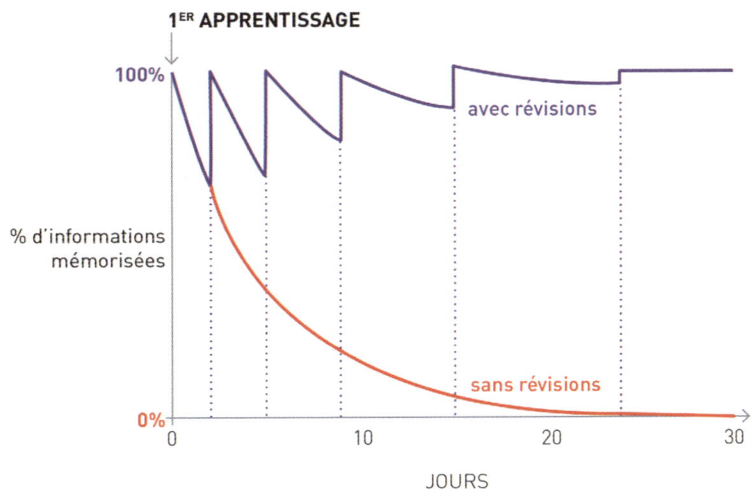

Figure 4-11 Courbe de l'oubli avec gain grâce aux révisions
Source : d'après Hermann Ebbinghaus

Le plus sûr moyen de ne pas oublier ce qui vient d'être appris est de l'apprendre à nouveau le jour suivant et encore le jour suivant. Il faut donc renforcer la trace mnésique à force de répétition de l'apprentissage.

À chaque fois qu'une nouvelle session d'apprentissage est activée, la trace mnésique se renforce. Ainsi, plus une personne est exposée à un stimulus, plus elle va renforcer sa trace en mémoire.

On comprend maintenant pourquoi il vaut mieux étaler ses révisions sur plusieurs jours en répétant régulièrement que d'essayer de tout rentrer dans son cerveau la veille d'un examen. En plus, ces informations resteront gravées en mémoire, contrairement au « bachotage ».

Marteler une information pour renforcer la trace mnésique

Pour ceux qui sont en âge de s'en souvenir, qui a oublié la célèbre publicité Juvamine ? Il s'agissait d'une publicité diffusée à la télévision dans les années 1990. Le spot publicitaire était très court, mais répété trois fois lors de chaque diffusion, renforçant ainsi la trace mnésique dès le premier visionnage.

Voir ou revoir cette publicité : https://www.youtube.com/watch?v=fAuoexPNBqE

Rappel indicé

Il ne faudrait pas comparer la mémoire à un disque dur qui s'efface. Nous oublions dans un premier temps où se trouve l'information ; nous n'arrivons plus à y avoir accès. Cela ne veut pas dire que la trace mnésique est totalement effacée.

Si on vous donne des « indices de récupération », vous serez alors capable de la retrouver. C'est un peu comme si nous stockions l'information, mais sans nous souvenir de l'endroit où elle est rangée. Ce n'est que dans un second temps que la mémoire s'efface réellement, si le souvenir n'est pas réactivé.

Tulving et Pearlstone (1966) ont réalisé l'expérience suivante : ils ont demandé à des personnes d'apprendre des listes de mots. Ensuite, soit on leur demandait d'écrire sur une feuille blanche les mots dont elles se souvenaient, soit on leur donnait des indices, sous forme de noms de catégories auxquelles appartiennent ces mots, par exemple « animal » pour « poule » ou « cheval ». Dans ce second cas (rappel indicé), les participants se souviennent d'environ deux fois plus de mots.

Ainsi, les mots ne sont pas effacés en mémoire, mais deviennent simplement moins accessibles. C'est l'adresse de l'information qui est oubliée en premier, pas le contenu. Il est donc très utile de fournir des indices pour se souvenir.

Effet d'interférence

Il s'agit de l'interférence exercée par un nouvel apprentissage sur un autre plus ancien. Plus la similarité avec un nouvel apprentissage est grande, plus on va oublier le premier apprentissage.

Comment l'appliquer ?

De ces études, nous pouvons tirer plusieurs enseignements pour la conception d'interfaces.

Répéter les informations importantes

Pour qu'une information soit parfaitement retenue, il est utile de la répéter, surtout au début d'un apprentissage. C'est le cas lorsque vous proposez une expérience complexe qui nécessite un apprentissage. Typiquement, c'est le cas de beaucoup de progiciels qui présentent de nombreuses et complexes fonctionnalités. Il est probable qu'un court tutoriel de démarrage ne suffira pas. Il faudra répéter de différentes manières les informations pour qu'elles soient assimilées.

Faciliter les parcours

Tout d'abord, pour des applications complexes, ou bien lorsque des utilisateurs sont amenés à ne pas revenir souvent, il est important qu'ils n'oublient pas entre-temps où trouver les informations dont ils ont besoin. Pour cela, fournissez-leur des indices pour les aider à s'en souvenir. Il peut s'agir d'associer une couleur avec un onglet particulier par exemple. Ou bien vous pouvez proposer un historique des parcours pour que votre utilisateur s'y retrouve.

L'iconographie joue aussi beaucoup puisque nous retenons particulièrement bien les images. Pour éviter l'effet d'interférence, il faut éviter une trop grande proximité visuelle entre ce qu'il convient de mémoriser. C'est la même chose lorsque nous déambulons dans une ville. Si tous les quartiers se ressemblent, nous aurons du mal à retrouver un endroit particulier ; en revanche, si chaque place et chaque rue possède ses signes distinctifs, alors il sera facile de retrouver notre chemin. Utilisez ces principes pour faciliter les parcours de vos utilisateurs.

Imaginez que vous garez votre voiture sur le parking d'un grand centre commercial. D'habitude vous avez des panneaux avec des lettres pour vous souvenir de votre place. Mais si vous avez l'image d'un fruit qui commence par la lettre de votre rangée : je me gare rangée F et c'est une fraise qui y est représentée. N'est-il pas plus facile de mémoriser où se trouve votre voiture ?

Figure 4-12

À retenir

- Plus une personne est exposée à un événement, plus elle va renforcer sa trace en mémoire. C'est le renforcement de la trace mnésique.
- Plus la similarité avec un nouvel apprentissage est grande, plus on va oublier le premier apprentissage. C'est l'effet d'interférence.
- Il est très utile de fournir des indices pour retrouver un souvenir. Permettez à vos utilisateurs de s'appuyer dessus pour retrouver leur chemin par exemple. C'est le rappel indicé.
- Proposez encore et encore, et de différentes manières, les informations qu'il convient de mémoriser.

Bibliographie

- Rey, A. (2018). *Psychologie cognitive expérimentale*. Presses universitaires de France.

En savoir plus

- Consultez le chapitre « Les processus de récupération et l'oubli » de l'ouvrage suivant : Lieury, A. (2008). *Psychologie cognitive,* Vol. 2, Dunod.

5 Créez une expérience optimale

Vous avez maintenant toute l'attention et l'intérêt de vos utilisateurs. Qu'allez-vous en faire ? Comment proposer une expérience optimale ?

Toute opération qui semble banale, comme commander un billet de spectacle ou acheter un article en ligne, peut être magnifiée pour devenir une excellente expérience pour vos utilisateurs. Encore une fois, il s'agit de bien connaître le fonctionnement humain pour trouver des solutions faciles à mettre en œuvre : donner du sens à ce que font vos utilisateurs, dévoiler les informations au moment où ils en ont besoin, prendre conscience de ce qui crée le souvenir et, cerise sur le gâteau, terminer par une surprise !

DANS CE CHAPITRE

FICHE #17
AYEZ CONSCIENCE DE CE QUE NOUS RETENONS D'UNE EXPÉRIENCE : LE BIAIS DE SURESTIMATION PIC-FIN

Que retenons-nous d'une expérience, qu'il s'agisse d'un film, d'une période de notre vie, du passage d'un examen, ou de l'interaction avec un site ?

La théorie

Il faut bien distinguer, d'une part, ce qui est vécu durant une expérience et, d'autre part, ce que nous en retenons. C'est le souvenir, l'impression qui se dégage d'une expérience, que nous garderons en mémoire et qui viendra renforcer positivement ou négativement notre avis sur l'expérience.

Prenez un moment pour vous remémorer vos dernières vacances. Que retenez-vous ? Vous avez peut-être passé une, deux ou trois semaines en vacances, mais combien de temps vous faut-il pour vous remémorer l'expérience vécue ? De quoi vous souvenez-vous ? Qu'avez-vous oublié ?

Nous voyons bien en quoi ce que nous conservons d'une expérience, quelle qu'elle soit, reste le souvenir que nous en avons, d'où l'importance de bien comprendre comment se forge ce souvenir.

Le prix Nobel Daniel Kahneman a réalisé une expérience durant des coloscopies de patients, à l'époque où elles étaient réalisées sans anesthésie (Redelmeier et Kahneman, 1996). Durant l'examen, les patients étaient amenés à exprimer chaque minute l'intensité de leur douleur sur une échelle de 1 à 10. À la fin de l'expérience, ils devaient évaluer la douleur globale de l'examen avec une note.

Les chercheurs se sont rendu compte qu'il y avait peu de corrélation entre l'intensité globale estimée par les patients et le niveau de souffrance estimé durant l'examen. Cela semblait vouloir dire qu'il existe une déconnexion entre le vécu d'une expérience au moment T et le souvenir que l'on en conserve.

Ils ont au contraire validé le fait que le souvenir d'une expérience dépend de deux choses :

- le pic émotionnel ;
- et la fin de l'expérience.

Prenons deux exemples de mesures pour illustrer cela (figure 5-1). Pour le patient A, l'examen a duré beaucoup moins longtemps que pour le patient B et la quantité cumulative de douleur estimée est moindre. Or, dans l'évaluation globale de l'expérience, il a estimé avoir davantage souffert que le patient B. Nous pouvons observer sur la courbe que l'examen se termine en effet sur un pic de douleur. Il conservera alors un souvenir très amer de cette expérience.

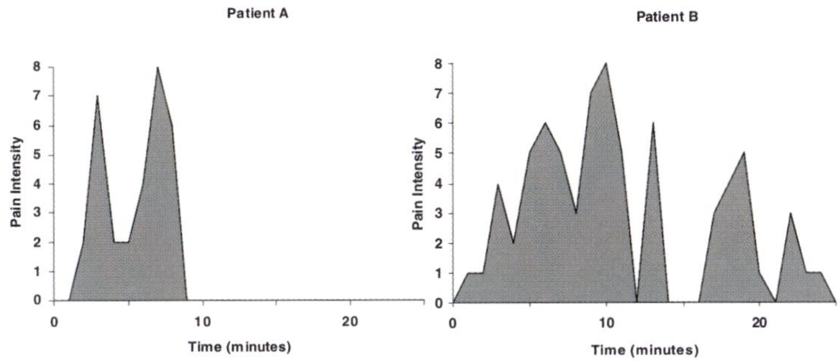

Figure 5-1 Estimation du seuil de douleur chaque minute pour deux patients
http://citeseerx.ist.psu.edu/viewdoc/download?doi=10.1.1.98.9867&rep=rep1&type=pdf

On nomme cet effet le *biais de surestimation pic-fin*.

Daniel Kahneman rapporte une autre expérience dans laquelle il faisait écouter une magnifique symphonie à une personne mélomane durant une vingtaine de minutes. À la fin de cette expérience, il faisait entendre un son désagréable. Les personnes gardaient de cette expérience un souvenir très mitigé, alors que la majorité du temps passé avait été très agréable.

Qu'en est-il pour les expériences agréables ? Cela fonctionne-t-il de la même manière ? Il semblerait que oui, si on en croit les expériences sur la joie et la surprise. Dans la fiche 19, je détaille ces expériences positives : lorsqu'un pic émotionnel (joie ou surprise) arrive à la fin de l'expérience, alors cela la rend plus attractive. Un autre effet a été mis en valeur : l'alternance entre des pics émotionnels et des creux (Teixeira, Wedel & Pieters, 2012). Il semblerait donc bien que cet effet pic-fin fonctionne également pour les émotions positives.

Comment l'appliquer ?

De ces expériences, nous pouvons retenir que le plus important reste le souvenir. Lorsque l'on conçoit une expérience pour nos utilisateurs, il faut apporter un soin particulier aux pics émotionnels qu'elle engendre et à sa fin.

Les sites qui permettent d'éditer des listes de diffusion sont nombreux, mais savez-vous ce qui a distingué le site MailChimp ? Il s'agit de la petite animation qui s'affiche lorsque l'utilisateur s'apprête à envoyer sa campagne de diffusion (https://www.youtube.com/watch?v=OHpOZX1pA7c).

Envoyer un courriel à l'ensemble de vos contacts par exemple est un exercice qui demande du sang-froid. L'utilisateur peut avoir peur d'avoir oublié quelque chose d'important, ou d'avoir négligé une faute d'orthographe, ou bien d'autres choses encore.

Au moment où l'utilisateur doit valider définitivement sa campagne, il voit, au-dessus du bouton d'envoi, une petite animation de la main d'un singe qui hésite à appuyer.

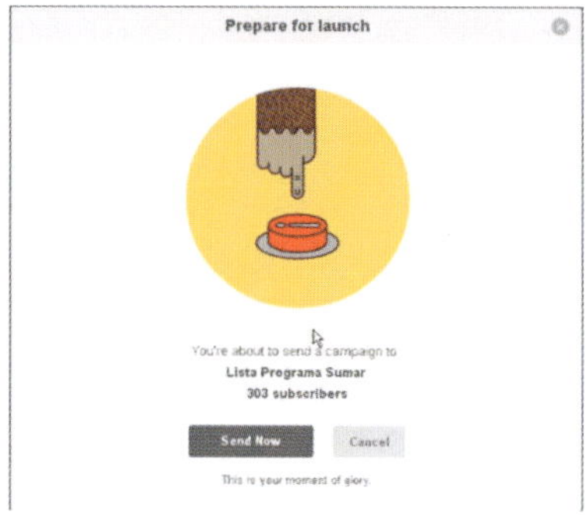

Figure 5-2 Copie d'écran de l'animation MailChimp lors de l'envoi d'un courriel à une liste de diffusion
https://www.youtube.com/watch?v=OHpOZX1pA7c

Cette simple animation apporte énormément à l'expérience. Elle ajoute une touche d'humour et dédramatise ainsi un moment parfois angoissant. Ensuite, elle exprime de l'empathie avec l'utilisateur et rend l'expérience mémorable. De plus, l'utilisateur termine son expérience d'envoi sur une note positive, ce qui lui laissera un souvenir très positif de l'interaction avec le site. Voilà comment MailChimp a conquis des milliers d'utilisateurs : en créant une expérience finale mémorable !

À retenir

- Ce qui est vécu durant une expérience est différent du souvenir que nous en conserverons. Le plus important reste ce souvenir et non l'expérience elle-même.
- Le souvenir d'une expérience dépend de deux choses : le pic émotionnel et la fin.
- Apportez un soin particulier aux pics émotionnels et à la manière dont se termine l'expérience : laissez vos utilisateurs sur une note positive, ou préparez-leur une surprise.

Bibliographie

- Redelmeier, D. & Kahneman, D. (1996). « Patients' memories of painful medical treatments : real-time and retrospective evaluations of two minimally invasive procedures ». *Pain*, 66, 3-8.

En savoir plus

- Conférence de Daniel Kahneman : *L'énigme de l'expérience et la mémoire*, TEDx 2010
  https://www.ted.com/talks/daniel_kahneman_the_riddle_of_experience_vs_memory/transcript?Fin%20de%20la%20conversationVu%20:%2020:42&language=fr#t-162431
- Vidéo de l'animation MailChimp :
  https://www.youtube.com/watch?v=OHpOZX1pA7c

FICHE #18
DONNEZ DU SENS AUX ACTIONS DE VOS UTILISATEURS

À l'heure où j'écris ces lignes, j'ai rédigé environ la moitié des fiches prévues au sommaire. Selon vous, mon attention est-elle focalisée sur ce que j'ai déjà réalisé, ou bien ce qui me reste à expliquer ?

Si vous pensez que je suis davantage focalisée sur ce qui me reste à écrire, vous avez la bonne réponse ! Dans mon esprit, il me reste TOUT À FAIRE ! Et c'est angoissant, alors qu'objectivement j'en ai rédigé la moitié et donc logiquement, l'expérience aidant, je devrais passer moins de temps sur la seconde moitié de l'écriture.

La théorie

Koo et Fishbach (2010) ont réalisé une série d'expériences qui démontrent que nous sommes davantage focalisés sur ce qui nous reste à faire (le futur) plutôt que sur ce que nous avons déjà fait (le passé). Et cela fonctionne qu'il s'agisse d'une simple tâche à réaliser (faire la vaisselle), ou d'une étape de vie plus importante (passer un diplôme).

Nous regardons donc vers le chemin qui nous reste à parcourir. Ce que nous avons réalisé jusqu'à maintenant est alors minimisé.

Imaginez que vous souhaitiez changer d'orientation professionnelle. Dans cette optique, vous apprenez qu'il vous faudra passer obligatoirement un diplôme à préparer sur deux ans. Vous trouverez alors certainement que le temps est long et que cet investissement est lourd.

Cependant, réfléchissez à tout le temps qu'il vous a fallu pour arriver au point où vous en êtes : apprendre à marcher, à parler, à écrire, etc. Souvenez-vous de toutes ces années sur les bancs de l'école ou bien à mener une activité qui vous a permis de vous développer. Ce sont toutes ces expériences qui vous ont amené à vouloir changer d'orientation professionnelle. Et elles pèsent beaucoup plus lourd dans la balance que deux années de formation en plus.

En bref, nous sommes toujours soucieux de ce qui reste à faire et le but nous paraît toujours loin, mais nous oublions tout ce que nous avons réalisé précédemment pour en arriver jusque-là.

L'écart au but

En conséquence, plus nous sommes proche du but, plus nous sommes motivé pour l'atteindre, même si cela nécessite le même nombre d'étapes.

C'est ce que montre une étude qui consistait à proposer deux cartes de fidélité pour un magasin vendant du café :

- Carte A : elle contenait dix cases vides. À chaque café acheté, le serveur tamponnait une case. Les clients obtenaient un café gratuit lorsque les dix cases étaient tamponnées.

- Carte B : elle contenait douze cases vides, dont deux pré-tamponnées. Les clients obtenaient un café gratuit lorsque les dix cases suivantes étaient tamponnées.

Dans tous les cas, ils obtenaient un café gratuit au bout de dix cases tamponnées. Or, les clients remplissaient plus vite la carte B parce qu'ils avaient l'impression d'être plus près du but.

Comment l'appliquer ?

Pour maintenir l'engagement de vos utilisateurs tout au long d'un processus ennuyeux comme une inscription ou le remplissage d'un formulaire administratif, veillez à ce qu'ils aient toujours en tête l'objectif final. Au cours d'une tâche, il est facile de perdre de vue la raison pour laquelle on fait les choses et, si la tâche en cours est très rébarbative, alors on va se focaliser sur la pénibilité actuelle plutôt que sur le but à atteindre. Dans ce cas, il est bon de rappeler d'une manière ou d'une autre l'objectif final. Il peut s'agir de messages d'encouragement du type « plus que quelques renseignements à donner et vous aurez fait votre demande de carte grise » ou bien d'une iconographie qui rappelle l'objectif, par exemple l'image d'une carte grise posée sur un tableau de bord.

Autre élément important : rappelez les étapes déjà réalisées, en quelque sorte le temps déjà investi, et mettez-le en balance avec le chemin qu'il reste à parcourir. Cela aidera les utilisateurs à relativiser les étapes restantes. Cette technique est utilisée par la plupart des sites marchands lors des tunnels d'achat. Il peut s'agir également d'un processus d'inscription à un site, qui nécessite un certain nombre d'étapes, ou du remplissage d'un formulaire pénible, ou bien encore de répondre à un questionnaire.

Nous savons que ces étapes sont pénibles pour les utilisateurs. Il existe deux solutions pour les alléger.

- Diviser la tâche en plusieurs petites étapes faciles à compléter. Pour un long questionnaire, proposez par exemple plusieurs pages de cinq à six questions.
- Indiquer à l'utilisateur l'étape à laquelle il se trouve et donc le chemin qui reste à parcourir. Plus il s'approchera du but, plus il sera motivé par l'atteinte de cet objectif.

En mettant en œuvre ces stratégies, vous risquez moins un abandon de la part de vos utilisateurs.

Comment j'applique ce principe au travail d'écriture de ce livre ?

J'applique ce ressort psychologique à mon propre travail d'écriture de cet ouvrage. En effet, écrire un livre est un gros travail. Pour ne pas perdre la motivation, je me suis créé des tableaux et graphiques dans lesquels j'indique les tâches à réaliser (figures 5-3 et 5-4). À chaque fin de journée, je peux mesurer mon avancement. Cela me motive et me rassure par rapport au calendrier prévu.

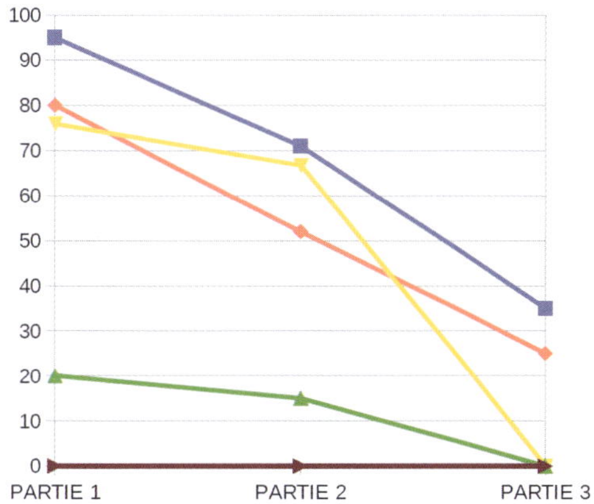

Figure 5-3 Graphique d'avancement de mon travail d'écriture

52 %	1er jet
36 %	relecture et mise en forme
47,6 %	illustrations
48 %	travail total estimé

Figure 5-4 État d'avancement sous forme de tableau

À retenir

- Nous nous focalisons sur ce qui nous reste à faire plutôt que sur ce que nous avons déjà réalisé.
- La motivation augmente lorsque nous avons l'impression d'être plus proche du but.
- Les utilisateurs risquent de perdre de vue l'objectif à atteindre : rappelez-le-leur.
- Pas à pas, résumez les étapes déjà réalisées et celles qui restent à compléter pour soutenir leur effort, tout en divisant une tâche pénible ou rébarbative en plusieurs étapes.

Bibliographie

- Koo, M. & Fishbach, A. (2010). « Climbing the goal ladder : how upcoming actions increase level of aspiration ». *Journal of personality and social psychology*, 99(1), 1.
http://www.acrwebsite.org/volumes/v38/acr_v38_16160.pdf

FICHE #19
DÉVOILEZ LES INFORMATIONS PETIT À PETIT : LA DIVULGATION PROGRESSIVE

La théorie

Nous vivons dans une société où le nombre d'informations à traiter est énorme et en forte progression. Il semble normal d'être hyper-connecté et presque en permanence exposé à cette masse d'information. C'est l'**infobésité**.

Or, la capacité de traitement des informations par le cerveau humain reste constante et atteint souvent ses limites.

Au niveau plus spécifique d'une tâche particulière, on parle souvent de charge cognitive. Il s'agit d'un concept qui fait le lien entre la complexité d'une tâche et la quantité des ressources qui lui sont allouées. Nous ne pouvons accepter qu'un volume limité d'informations à traiter au même moment. Si la charge cognitive est trop grande, alors les performances de raisonnement et d'apprentissage diminuent. Pour en savoir plus, consultez la fiche 11 sur le sujet.

Il est intéressant de distinguer :

- La charge cognitive intrinsèque, qui correspond à la complexité inhérente à certaines tâches. En effet, certaines activités sont plus difficiles à apprendre et à maîtriser que d'autres : apprendre un poème par cœur est plus complexe qu'identifier si les vers riment par exemple.
- La charge cognitive extrinsèque (ou inutile), qui correspond à la manière dont les informations liées à la tâche sont présentées. Si par exemple, à côté du poème que vous souhaitez apprendre par cœur, sont présentés des textes qui défilent, la charge cognitive extrinsèque va augmenter puisque cela va interférer sur votre tâche principale.

Ainsi, si vous voulez qu'une information soit mieux prise en compte par l'utilisateur, cette information doit être présentée de manière simple et claire.

Comment l'appliquer ?

La *divulgation progressive* consiste à ne présenter que les informations pertinentes pour les utilisateurs, à un moment donné. Vous allez donc épurer au maximum vos interfaces pour ne présenter que les fonctionnalités ou informations nécessaires/utiles à l'étape en cours.

Par exemple, la page d'accueil de Google met en avant la recherche sur le Web, principale fonctionnalité attendue des utilisateurs. Il est bien entendu possible d'accéder à ses paramètres, d'effectuer une recherche d'image ou toute autre action, mais ces tâches restent discrètes dans la page.

Figure 5-5 La page d'accueil de Google met en avant sa principale fonctionnalité : la recherche sur le Web.

Dans la divulgation progressive, les informations ou fonctionnalités qui ne sont pas immédiatement présentes, sont accessibles au choix :

- *via* un menu ;
- en faisant défiler la page ;
- en cliquant sur un lien ou bouton ;
- ou en réalisant une action : par exemple, sur un site de réservation de billets d'avion, l'utilisateur sélectionne la date souhaitée de son vol.

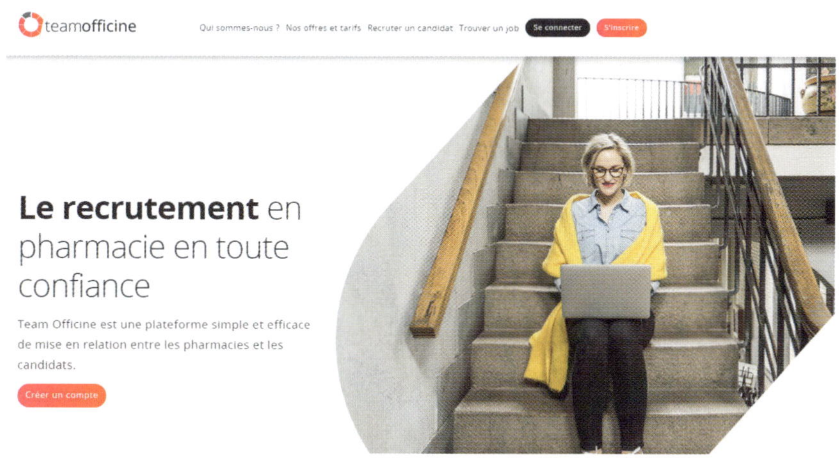

Figure 5-6 Page d'accueil du site Team-officine

Par exemple, sur le site Team-officine (figure 5-6), la page d'accueil est relativement sobre. On y trouve simplement la promesse du site : « le recrutement en pharmacie en toute confiance ». Si l'utilisateur souhaite aller plus loin, alors il peut faire défiler la page, cliquer sur le bouton ***Créer un compte*** ou accéder à un chapitre du menu.

Vous allez donc séquencer les actions et reporter certaines informations ou fonctionnalités sur un ou plusieurs autre(s) écran(s). Cela a pour objectif de *réduire la charge cognitive extrinsèque* de l'utilisateur.

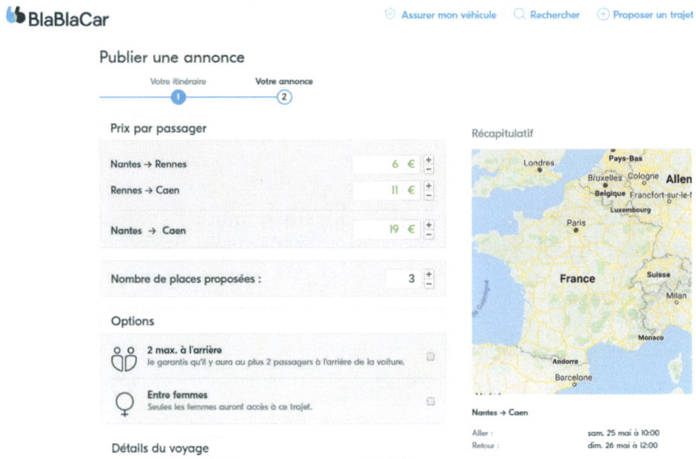

Figure 5-7 Séquençage des informations lors de la proposition d'un trajet en covoiturage blablacar.fr

C'est le cas sur de nombreux sites marchands : les étapes d'inscription, de choix de livraison et de paiement sont séquencées. Notamment, les sites de vente de billets d'avion pratiquent la divulgation progressive depuis longtemps car ce type d'achat nécessite de nombreuses étapes (dates, horaires, bagages, restrictions alimentaires, numéro de passeport).

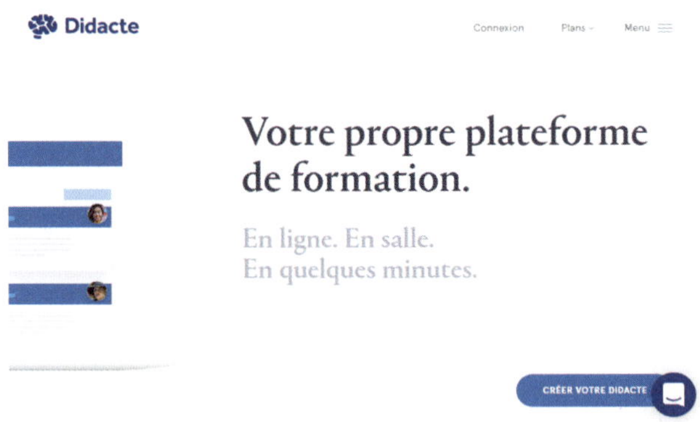

Figure 5-8 Copie d'écran du site didacte.com

Enfin, sur les sites qui présentent un grand nombre d'informations, la divulgation progressive est souvent employée. Par exemple, didacte.com propose une plate-forme de formation pour les créateurs de contenu en *e-learning*. Il y a de nombreux points à aborder pour convaincre les formateurs d'adopter la plate-forme. Or, la page d'accueil propose peu d'informations aux utilisateurs. Pour en savoir plus, il faut faire défiler l'écran ou cliquer.

Ainsi, les utilisateurs n'ont jamais trop d'éléments à prendre en compte et ils ne sont pas découragés. Cela évite la surcharge d'informations.

Les conseils de Corinne Leulier : lazy loading pour optimiser la performance

En écoconception, on priorise toujours le chargement des éléments visibles à l'écran pour que l'utilisateur puisse commencer à manipuler l'interface au plus vite. Ainsi, si l'utilisateur change de page sans avoir à faire défiler cette dernière, le contenu qui se trouve sous la ligne de flottaison n'aura pas besoin d'être chargé et on économise de la bande passante.

Dans cette optique, on **préférera toujours la pagination au défilement infini.** On veillera donc à proposer par défaut une liste de 10 items (en laissant à l'utilisateur la possibilité d'en afficher 25, 50 ou 100 selon son besoin).

À retenir

- Le concept de charge cognitive met en lumière le fait que nous ne pouvons traiter qu'une quantité limitée d'informations au même moment.
- Si la charge cognitive est trop grande, alors les performances de raisonnement et d'apprentissage diminuent.
- On distingue les charges cognitives intrinsèque et extrinsèque. En travaillant sur la présentation des informations, on peut diminuer la charge de cette dernière.
- La *divulgation progressive* consiste à épurer les interfaces pour ne présenter que les informations pertinentes pour les utilisateurs à un moment donné.
- Pour réduire la charge cognitive extrinsèque de l'utilisateur, les informations ou fonctionnalités qui ne sont pas immédiatement présentes peuvent être accessibles : en réalisant une action, *via* un menu, en faisant défiler la page ou en cliquant sur un lien ou bouton.

FICHE #20
METTEZ EN PRATIQUE L'ÉCOCONCEPTION

Fiche co-écrite avec **Corinne Leulier**

Les UX designers peuvent contribuer à concevoir un monde plus responsable en prenant en compte non seulement l'utilisateur (ses caractéristiques, son besoin, ses désirs, son mode de vie), mais plus largement l'écosystème planétaire dans lequel il évolue (avec les enjeux environnementaux et sociétaux liés).

L'écoconception s'appuie sur les bonnes pratiques de l'UX, tout en allant plus loin.

L'empreinte environnementale d'un site web ou d'une application mobile peut être minimisée si la démarche d'écoconception est intégrée dès l'amont du projet. Les objectifs de l'écoconception sont les suivants :

- répondre à des besoins réels ;
- aller à l'essentiel : faire plus sobre et plus simple ;
- consommer moins de ressources.

Vous l'aurez compris, la démarche d'écoconception pousse à se poser à nouveau les bonnes questions afin de définir avec précision la problématique à laquelle le produit doit répondre durablement. En concevant un site ou une app viable, vivable et équitable, on réduit son impact négatif sur la planète.

Enfin, bonne nouvelle, prendre en compte les bonnes pratiques d'écoconception aide à réduire la dissonance à laquelle nous sommes tous soumis entre « ce qu'il faut faire pour le bien de la planète » et les actions que chacun d'entre nous peut mettre en place au quotidien. Si je suis UX designer, j'ai mis des garde-fous pour que la conception n'engendre pas un « monstre » et si j'utilise un produit ou service écoconçu, je me sens mieux.

La théorie

L'écoconception repose sur trois piliers :

- L'inclusion et l'accessibilité : le service doit être utilisable et compréhensible par tous.
- La frugalité fonctionnelle et technique : le service doit employer un minimum de ressources pour créer la valeur attendue.
- L'exemplarité : le service doit illustrer l'engagement responsable de l'organisation.

Ainsi, des services numériques écoconçus permettent de :

- proposer des solutions frugales (en termes de contenus et fonctionnalités) et performantes (temps de chargement des pages, fluidité de la navigation) ;
- réduire la consommation des ressources informatiques ;

- limiter l'obsolescence des équipements ;
- s'adapter aux contextes d'usage (mobilité, bande passante, accessibilité, équipements) ;
- s'inscrire dans une démarche compatible avec la loi Numérique et Environnement de février 2021.

Globalement, la démarche est dans la même lignée que la démarche centrée utilisateur. L'écoconception est complémentaire à la démarche UX. Cependant, elle comporte des incontournables à mettre en place :

- Sensibiliser à l'écoconception et au Numérique Responsable les équipes impliquées dans le projet.
- Se (re)poser les bonnes questions pendant la phase de recherche utilisateur pour concevoir un produit/service qui ait du sens et définir précisément la problématique auquel le produit/service doit répondre durablement (être viable, vivable et équitable) pour que les fonctionnalités conçues soient réellement utilisées.
- Nommer un « référent Numérique Responsable » intégré à la gouvernance et définir les critères applicables au projet et leur mode d'application.
- En début de projet, faire un état des lieux pour avoir une vision systémique de l'ensemble de l'écosystème du site web ou de l'application (stratégie RSE, organisation actuelle, produits liés), faire un audit énergétique de l'existant (en collaboration avec l'équipe informatique) pour mesurer et suivre l'impact de la solution, définir les indicateurs à suivre (consommation d'énergie, empreinte carbone, règles vertes) et les axes de retour sur investissement (extra financiers).
- Comparer les choix de conception pour privilégier les solutions écoresponsables, frugales, accessibles et les tester auprès des utilisateurs (sobriété visuelle, simplicité des parcours, optimisation des médias, compatibilité avec les terminaux et versions logicielles plus anciennes).

Les questions clé

- A-t-on besoin de numériser le service ?
- A-t-on identifié les attentes réelles des utilisateurs ciblés ?
- Une stratégie de compatibilité avec les terminaux et versions logicielles obsolètes est-elle définie ?
- Dans la définition des personas, les versions cibles d'équipements, systèmes d'exploitation (OS) et navigateurs ont-elles été prises en compte ?
- La conception est-elle d'abord orientée web au lieu d'applications natives ?
- Est-ce que les fonctionnalités sont utilisées par l'utilisateur ?

Figure 5-9 Les questions à se poser

Comment l'appliquer ?

Pour prendre en compte les enjeux planétaires et concevoir des produits et services utilisables par tous (inclusion sociale et numérique), de bonnes pratiques d'écoconception doivent être mises en œuvre.

Elles concernent notamment :

- le choix des canaux de communication pour éviter de démultiplier les parcours ;
- la priorité donnée aux écrans légers en appliquant le principe de frugalité des contenus, des composants, des fonctionnalités et du design pour limiter le nombre d'appels au serveur ;
- le recours limité aux vidéos, afin de limiter leur stockage et les échanges avec le serveur ;
- la potentielle nécessité de mettre en place et d'utiliser un *Design System* afin de privilégier la réutilisation de composants optimisés.

Alors comment faire concrètement ?

- Solliciter le « référent Numérique Responsable » à toutes les étapes de la démarche : il guidera l'équipe à la fois sur la démarche et les recommandations.
- À chaque étape du parcours, questionner la pertinence des fonctionnalités et des contenus.
- Optimiser le poids de chaque page (en collaboration avec les développeurs) en trouvant des alternatives moins consommatrices en termes d'affichage et de bande passante.
- Optimiser les contenus présentés et les fonctionnalités proposées, comme limiter le nombre de mots ou préférer la recherche assistée à l'auto-complétion (encart fiche 9).
- Optimiser le parcours utilisateur en termes de nombre d'étapes nécessaires pour atteindre un objectif de visite et de temps passé ; moins l'utilisateur passe de temps sur un site ou une app, moins il consomme d'énergie.
- Prévoir des moments de co-création et de consolidation avec toutes les parties prenantes nécessaires (IT, marketing, communication, métier...) pour bien comprendre tous les enjeux et les impacts des alternatives.

Même si tout le monde a conscience de l'importance de cette question, nous avons encore parfois du mal à convaincre les décideurs de mettre en place ces principes d'écoconception dans les projets. Voici quelques arguments qui font mouche :

- **Sur l'impact financier de la démarche d'écoconception**

  Si le sujet est intégré dès les premières étapes du projet, l'impact financier est marginal : ce n'est pas une nouvelle façon de travailler, mais la prise en compte des problématiques environnementales dans la démarche projet classique. Autre argument de poids, ramener les services à l'essentiel permet d'économiser sur leur développement, leur production et, à plus long terme, sur leur maintenance.

- **Est-ce bien prioritaire ?**

  Oui, la loi Numérique et Environnement de février 2021 a donné naissance au RGESN, présenté au même rang que le RGPD notamment ; les deux doivent déjà être pris en compte dans la sphère publique en France. On peut donc penser que, à brève échéance, l'écoconception s'imposera également et s'ajoutera aux exigences sociales et environnementales dont les organisations doivent déjà rendre compte dans leur reporting extra-financier.

- **Quels bénéfices puis-je en tirer ?**

  Au-delà du retour sur investissement purement financier lié à la simplification et à la sobriété, les collaborateurs (en quête de sens) et les clients (en quête d'éthique) expriment des attentes de plus en plus fortes sur le sujet. S'en emparer, c'est se montrer en phase avec ces publics, se préparer aux obligations à venir et, surtout, tirer dès à présent le bénéfice de services numériques allégés, épurés et centrés sur l'essentiel.

Tester le service avec différentes connexions

Vérifier que le service fonctionne bien avec des connexions « dégradées », par exemple 3G. Dans une démarche d'écoconception, il est en effet important de ne pas inciter les utilisateurs à renouveler leur smartphone parce que celui-ci aurait besoin d'une puce 4G ou 5G pour naviguer en ligne. Par ailleurs, rendre accessible son service depuis des connexions dégradées et appareils anciens contribue à réduire la fracture numérique. Utilisez les outils de développement de Firefox ou Chrome pour simuler une connexion internet bas débit et vérifier que le site reste accessible.

À retenir

- L'écoconception s'appuie sur les bonnes pratiques de l'UX, tout en allant plus loin.
- Les objectifs de l'écoconception sont : (1) répondre à des besoins réels, (2) aller à l'essentiel et (3) consommer moins de ressources.
- L'écoconception repose sur trois piliers : (1) l'inclusion et l'accessibilité, (2) la frugalité fonctionnelle et technique et (3) l'exemplarité.
- Plusieurs démarches sont à mettre en place : (a) identifier un référent Numérique Responsable, (b) à chaque étape du parcours, s'interroger sur la pertinence des fonctionnalités et des contenus, (c) optimiser le poids de chaque page, (d) optimiser les contenus présentés et les fonctionnalités proposées, (e) optimiser le parcours utilisateur en termes de nombre d'étapes nécessaires pour atteindre un objectif de visite et de temps passé et (f) prévoir des moments de co-création et de consolidation.
- Tester le service avec différentes connexions.

En savoir plus

- Frédéric Bordage (2022) *Écoconception web : les 115 bonnes pratiques. Doper son site et réduire son empreinte écologique*. 4e édition. Éditions Eyrolles.
- Les bonnes pratique de l'écoconception selon le gouvernement
https://ecoresponsable.numerique.gouv.fr/publications/bonnes-pratiques/
- Un guide pour la conception responsable de services numériques
https://gr491.isit-europe.org/
- L'écoconception selon les Designers Éthiques
https://eco-conception.designersethiques.org/guide/fr/
- Article de Corinne Leulier
https://www.linkedin.com/pulse/le-planet-centric-design-ou-faire-fair-corinne-leulier/
- Article de Corinne Leulier et Hilda Gameiro
https://www.capgemini.com/fr-fr/2022/04/invent-ecoconception-services-numeriques/
- Checklist accessibilité
https://design-accessible.fr/checklist

Corinne Leulier est directrice design chez frog, l'agence créative de Capgemini Invent. Depuis plus de vingt ans, elle accompagne les clients pour imaginer et concevoir des expériences, produits et services qui secouent le statu quo, touchent les gens et façonnent l'avenir. Référente Numérique Responsable, elle a à cœur de faire progresser l'écoconception, l'inclusion et l'accessibilité dans ses activités.

6 Captivez avec une histoire

Une bonne expérience, c'est d'abord une bonne histoire. Une histoire que vivent vos utilisateurs, une histoire qu'ils raconteront autour d'eux, une histoire, enfin, qu'ils auront envie qu'on leur raconte à nouveau. En tant que bon designer UX, vous organisez vos expériences comme de bons scénarios, en positionnant votre utilisateur en tant que héros de l'histoire. Inspirez-vous donc de la structure d'une épopée passionnante et usez de métaphores pour captiver encore davantage.

DANS CE CHAPITRE

FICHE #21
APPLIQUEZ LA BONNE RECETTE DE SCÉNARISATION *(STORYTELLING)*

La théorie

Laissez-moi vous raconter une histoire...

Ce simple début de phrase mobilise l'attention. Pourquoi ? Parce que nous adorons les histoires. Ce qui nous intéresse tout particulièrement du point de vue du fonctionnement cognitif, c'est que les histoires sont traitées de manière différente par le cerveau et cela leur donne un avantage sur les autres formes d'information.

Les recherches dans ce domaine montrent que, non seulement les auditeurs ou lecteurs sont plus attentifs lorsque les informations leur sont présentées sous forme d'histoire, mais qu'en plus ils en comprennent (Graesser, Singer & Trabasso, 1994) et en mémorisent (Meyers & Duffy, 1990) mieux le contenu.

Durant les histoires, nous construisons des modèles de situation (Graesser, Singer & Trabasso, 1994). C'est la structure narrative qui permet de former des liens de cause à effet entre divers événements de l'histoire et ainsi, de lui donner un sens. Lorsque nous écoutons ou lisons une histoire, nous recherchons ces liens de cause à effet. Ainsi, le lecteur ou auditeur s'appuie sur sa très bonne connaissance de la structure de l'histoire pour relier l'événement présent à ce qu'il s'est déjà passé dans l'histoire racontée.

C'est pourquoi la scénarisation, ou *storytelling*, a de grandes vertus pédagogiques pour illustrer ou pour créer du sens. Les marques ou les personnages célèbres cherchent à valoriser leur « histoire ». C'est ce qui crée la légende.

Comment l'appliquer ?

Il n'existe rien de tel pour délivrer des messages percutants que de raconter des histoires. Ce principe est adaptable à différents objectifs :

- guider le visiteur sur un parcours ;
- expliquer comment prendre en main un logiciel ;
- expliquer comment fonctionne un produit ;
- présenter une marque, etc.

Raconter une histoire peut se faire simplement, comme sur le site Quatre Cent Quinze (figure 6-1) qui explique son positionnement de marque en quelques lignes sur sa page d'accueil : transmettre une vision culturelle du football qui rassemble les gens et ouvre à de nouvelles cultures.

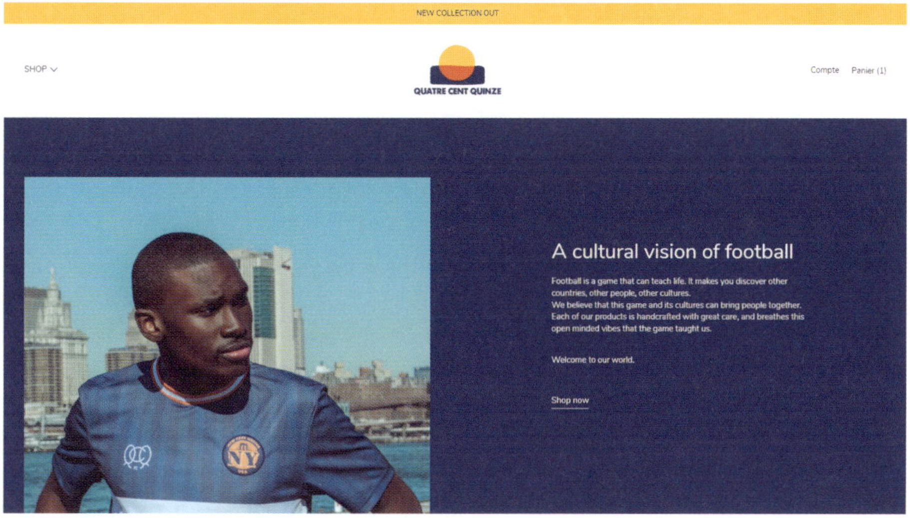

Figure 6-1 Page d'accueil de la marque de vêtement Quatre Cent Quinze

Pour construire une bonne histoire, suivez ces étapes :

1. Ciblez votre auditoire.
2. Définissez votre message de fin : le dénouement et la résolution de la question de départ.
3. Soignez l'entrée en matière. Accrochez vos auditeurs/lecteurs : posez le problème de départ, brossez le personnage principal et plantez le décor.

La structure prototypique d'une bonne histoire

Si vous souhaitez réaliser par exemple une vidéo qui raconte une histoire complète, vous pouvez vous guider grâce à l'arc dramatique.

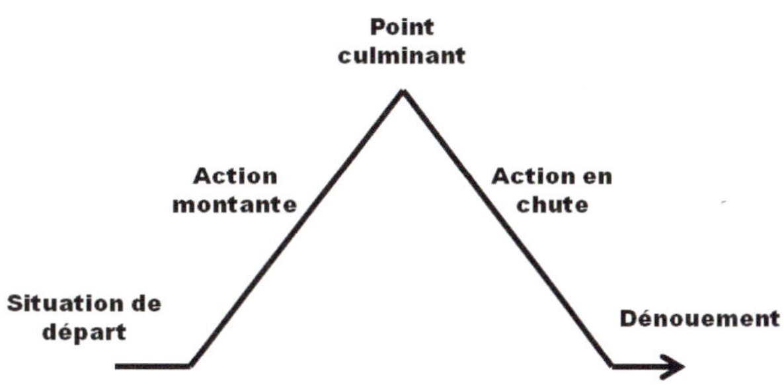

Figure 6-2 Schéma de l'arc dramatique
http://www.scenarmag.fr/savoir-utiliser- la-structure/

À partir, notamment, des histoires de Shakespeare, le dramaturge allemand Gustav Freytag (1896) a modélisé l'arc dramatique, qui comporte cinq étapes et peut servir de squelette pour une histoire bien menée.

La situation de départ. On décrit la situation initiale où sont plantés les décors et les principaux personnages. Cela permet aux lecteurs/auditeurs, de découvrir le contexte et d'accrocher à l'histoire. Arrive rapidement un élément déclencheur qui pousse le héros à réagir.

- **Action montante.** On plante le décor et les personnages ; la situation de départ est le support des perturbations et des péripéties à venir. Le niveau de tension augmente de manière palpable. Il arrive un événement qui perturbe la situation de départ : une annonce, un accident, les conséquences de la situation de départ… Il s'agit d'une « crise » au sein de laquelle les personnages vont être pris. La tension augmente au fur et à mesure et le conflit initial devient plus compliqué.
- **Point culminant.** C'est le point de non-retour, le moment de l'histoire qui offre le plus de tension dramatique. C'est le moment de confrontation, d'épreuve ultime.
- **Action en chute.** La tension retombe. C'est à ce moment que l'on peut croire que tout est fini, mais non, des péripéties secondaires ou événements inattendus peuvent survenir.
- **Dénouement.** Il s'agit de la solution du problème : résolution d'une enquête, conséquence des actions menées par les personnages ou événements qui vont venir conclure l'histoire. C'est le retour « à la normale », la conclusion ou la morale de l'histoire.

Pour de courtes histoires qui respectent cet arc dramatique, le cerveau libère une bonne quantité d'hormones (cortisol[1] durant les phases d'action montante et le point culminant et ocytocine[2] en phases d'action de chute et de dénouement). Ainsi, n'oubliez pas d'ajouter des émotions pour rendre l'histoire plus attractive encore.

À retenir

- Les histoires :
  - sollicitent davantage l'attention ;
  - sont plus faciles à comprendre ;
  - sont plus faciles à mémoriser.
- Les histoires sont construites à partir d'un schéma de base, l'*arc dramatique*, qui permet de raconter une histoire percutante et qui provoque des émotions.
- Ajoutez des émotions pour rendre l'histoire plus attractive.
- Suivez les étapes d'une bonne construction d'histoire.

1. Hormone du stress
2. Hormone de l'attachement et de l'empathie

Le saviez-vous ?

Comment Coco Chanel a créé la légende… à partir d'une biographie incertaine.

La biographie officielle de Coco Chanel a de quoi susciter l'admiration. Partie de rien, elle passe son enfance dans un orphelinat suite au décès de sa mère. Elle se construit toute seule grâce à un caractère bien trempé, etc.

Cependant, cette enfance est contestée par un certain Henri Ponchon, qui affirme que Coco Chanel a vécu son enfance chez la cousine germaine de sa mère.

Elle était connue pour être mythomane et pour rendre fous ses biographes officiels, qui avaient bien du mal à dénouer le vrai du faux.

Quoi qu'il en soit, le personnage et la marque qu'elle a créés sont rentrés dans la légende et peut-être que la faculté incroyable de Coco Chanel à raconter des histoires y est pour quelque chose…

Bibliographie

- Freytag, G. (1896). *Freytag's technique of the drama : an exposition of dramatic composition and art*. Scholarly Press.
- Graesser, A.C., Singer, M. & Trabasso, T. (1994). « Constructing inferences during narrative text comprehension ». *Psychological review*, 101(3), 371. https://www.researchgate.net/profile/Murray_Singer/publication/15261574_Constructing_Inferences_During_Narrative_Text_Comprehension/links/00b4952a88481c3cba000000.pdf
- Meyers, J.L. & Duffy, S.A. (1990). « Causal inferences and text memory ». *In* A.C. Graesser & G.H. Bower (Eds.), *Inferences and text comprehension*. New York : Academic Press.
- Ponchon, H. (2016). *L'enfance de Chanel, enquête et découvertes*. Bleu Autour.

En savoir plus

- Cours pour apprendre à communiquer et formaliser vos idées par le storytelling https://openclassrooms.com/fr/courses/5238041-communiquez-et-formalisez-vos-idees-par-le-storytelling?status=published

FICHE #22
PLACEZ VOTRE UTILISATEUR AU CENTRE DE L'HISTOIRE POUR CRÉER L'EMPATHIE

Votre utilisateur est le personnage principal de l'histoire (*i.e.* expérience) que vous concevez pour lui. Filez cette métaphore et voyez si vous pouvez y trouver de la matière pour améliorer son expérience subjective vis-à-vis de votre service.

Vous pouvez également embarquer votre utilisateur en mettant en avant un personnage et raconter une histoire à travers lui.

La théorie

Quelles sont les caractéristiques du héros ?

Voici quelques « caractéristiques » génériques qui définissent les héros dans les histoires. Vous pouvez utiliser certains de ces ressorts pour créer votre personnage principal, qui n'en sera que plus touchant :

- Le héros est une personne ordinaire qui reçoit un « appel » ou, par le truchement d'une circonstance particulière, se retrouve en première ligne, souvent malgré elle.
- Il devient héros à son corps défendant, c'est-à-dire qu'il rechigne dans un premier temps à accepter la mission qui lui est confiée.
- Il rencontre quelqu'un, ou une circonstance, qui l'oblige à faire le premier pas.
- Il fait alors face à des situations qui viennent le tester.
- Heureusement, il rencontre des personnes qui vont l'aider.
- Malgré tout, il va tout de même subir une épreuve terrible.
- Il réussit à traverser ces épreuves et rapporte le trésor, résout l'énigme, ou trouve une quelconque solution au problème qui lui était posé.
- Il se transforme et rapporte le trésor pour le reste du monde.

Les auditeurs ou spectateurs d'une histoire ont une tendance naturelle à s'identifier au protagoniste. Lorsque ce phénomène d'empathie se crée, ils vivent les émotions en même temps que le protagoniste : joie, tristesse, colère, angoisse, surprise.

Les histoires activent le cerveau et stimulent les hormones

Les histoires rendent le cerveau plus actif. Elles activent ou renforcent le fonctionnement de certaines zones du cerveau : les aires sensorielles, le cortex moteur, l'aire impliquée dans l'empathie. Donc, le cerveau est davantage stimulé quand on lui raconte une histoire.

Si vous ajoutez des émotions à vos histoires, vous allez susciter un flot d'hormones en plus :

- Racontez une histoire anxiogène pour provoquer un pic de cortisol, hormone du stress.
- Racontez une histoire touchante pour augmenter le taux d'ocytocine, hormone de l'attachement.
- Enfin, racontez une histoire avec une fin heureuse pour stimuler la production de dopamine, hormone de l'optimisme et de l'action.

Ainsi, mettre votre utilisateur au centre en utilisant un scénario *(storytelling)* augmente l'empathie avec lui.

Comment l'appliquer ?

En tant que *designer*, il y a deux manières de raconter une histoire en mettant votre utilisateur au centre :

- pour présenter votre produit/service ;
- pour vanter vos méthodologies.

Présentez votre produit/service

Dans le film *Le loup de Wall Street*, le personnage incarné par Leonardo Di Caprio demande à l'un de ses employés : « vendez-moi ce stylo ». Celui-ci décrit alors les caractéristiques du stylo. Une meilleure manière de faire consiste à projeter l'auditeur dans une situation où il fera l'usage de ce stylo en particulier. Dans ce cas, on pourra raconter par exemple l'histoire du futur client en train de signer un contrat important avec le stylo qu'on veut lui vendre. Le futur client s'y verra déjà et associera les émotions de la signature de ce contrat avec le stylo. Celui-ci deviendra alors désirable.

Vous l'avez compris, amener son produit en racontant une histoire est une chose très différente d'une simple description de ce que nous proposons à l'utilisateur.

Comment vendre sa voiture d'occasion 40 fois sa valeur sur le marché ?

Avec une bonne histoire bien sûr !

Cela se passe aux États-Unis, où une personne propose sa voiture en vente sur eBay à partir de 499 dollars. La publicité fait près de 6 millions de vues sur YouTube avant la vente et, finalement, elle sera vendue 20 000 dollars, sans aucune comparaison avec sa valeur sur le marché de l'occasion.

La proposition d'achat de la voiture est accompagnée d'un petit clip. C'est l'histoire d'une personne, la propriétaire, qui conduit cette voiture. On la voit se recoiffer grâce à un miroir installé dans son coffre, mettre de la musique et démarrer.

La publicité parle directement au spectateur, *via* une voix *off*. *« L'argent ne vous intéresse pas, vous avez déjà tout ce que vous voulez. Vous ne le faites pas pour les apparences, mais pour que ça marche. »* Tout en infusant ce message, on voit la propriétaire de la voiture prendre son chat dans ses bras et se servir un café tout en roulant, de manière décontractée. Cela renvoie à l'idée que cette personne a déjà tout ce dont elle a besoin à proximité. Elle n'a besoin de rien d'autre pour être une personne accomplie.

La publicité se termine sur ces mots : *« le luxe est un état d'esprit »*. La propriétaire mange un sandwich assise sur le capot de la voiture en observant un coucher de soleil avec une vue magnifique. Elle a déjà tout.

Le message permet au spectateur de s'identifier et lui suggère que l'important pour lui n'est pas l'apparence qu'il renvoie, mais plutôt faire quelque chose de sa vie. Donc, il a besoin de cette voiture qui, certes, ne renvoie pas l'idée qu'il est riche, mais qu'il réalise ce dont il a envie. Acheter cette voiture, c'est bien plus que cela : c'est acheter un « style de vie » où ce ne sont pas les apparences qui importent, mais ce que le propriétaire est. La publicité valorise donc l'acheteur.

Vantez vos méthodologies

En design UX, nous avons la chance d'avoir à notre disposition une palette de méthodes qui utilisent les histoires pour faire passer des messages vis-à-vis de l'équipe de conception, des clients ou des décideurs. Parmi les plus connues et les plus usitées, on trouve les suivantes :

- Des scénarios (storyboards) : courts récits illustrés, à l'image des bandes dessinées, qui présentent l'interaction entre un ou plusieurs utilisateur(s) et un produit ou service.
- De l'experience map : ici, on représente de manière chronologique les interactions utilisateur/produit-service. On se focalise sur les actions des utilisateurs, sur ce qu'ils pensent ou ressentent avant l'interaction, pendant et après.
- Des personas : il s'agit de modéliser les différents utilisateurs d'un produit-service en détaillant qui ils sont, quels sont leurs aspirations et leurs besoins.

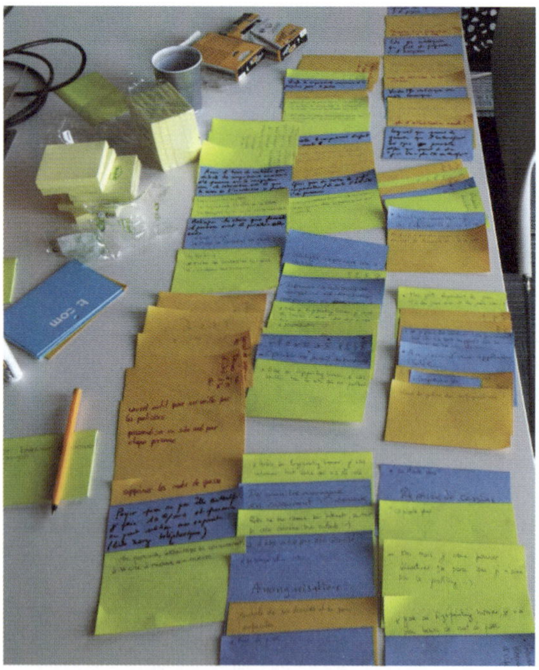

Figure 6-3 Méthodes qui impliquent les équipes

Ces méthodes utilisent le levier de notre goût pour les histoires. Voilà pourquoi elles sont conseillées pour générer de l'adhésion dans l'équipe de conception (Lallemand & Gronier, 2018).

Au-delà du choix des méthodes, n'hésitez pas à créer l'empathie de vos décideurs et collègues pour vos utilisateurs, grâce aux histoires. Mettez-les à leur place. C'est l'occasion de leur montrer à quel point votre travail est à leur service. Servez-vous de l'arc dramatique (fiche 21) pour structurer votre histoire et permettez-leur de s'identifier au protagoniste en utilisant les différentes recettes.

Soignez également la présentation de vos histoires. Maintenez la tension dramatique et jouez-en.

Racontez des histoires courtes. Pour cela, il vous faudra mettre en place la tension dramatique très rapidement pour capter l'attention de votre public. Comme vous n'avez pas beaucoup de temps pour installer les personnages et le contexte dramatique, ils doivent faire appel à des éléments connus, des stéréotypes, et les émotions dégagées doivent être tout à fait identifiables.

Alors ? Prêt(e) à mettre le paquet pour raconter de belles et inspirantes histoires ?

À retenir

- Utilisez les caractéristiques du héros pour créer l'empathie avec vos personnages.
- Ou faites de votre utilisateur le héros autour duquel se déroule le scénario de votre service.
- Raconter des histoires stimule le cerveau et provoque la sécrétion de différentes hormones.
- Racontez des histoires courtes et bien menées pour (1) vanter vos méthodologies en interne et (2) présenter votre produit/service.

Bibliographie

- Lallemand, C. & Gronier, G. (2018). *Méthodes de design UX : 30 méthodes fondamentales pour concevoir et évaluer les systèmes interactifs*. Éditions Eyrolles.

En savoir plus

- Publicité pour la voiture d'occasion
  https://www.youtube.com/watch?v=4KlNeiY4Rf4
- Vidéo de Marketing Mania sur l'analyse de cette publicité
  https://www.youtube.com/watch?v=4BiyEuiJhRA

FICHE #23
ENGAGEZ VOS UTILISATEURS À RACONTER LEUR HISTOIRE POUR PLUS DE SATISFACTION

La théorie

Lorsque l'on s'engage volontairement dans une action, alors cela nous implique encore davantage.

À partir du moment où on pose un acte quelconque, nous nous sentons engagés dans la situation. Par exemple, vous rentrez chez un concessionnaire de voitures et vous essayez un modèle. Vous vous sentirez engagé auprès du vendeur. Cela ne veut pas dire que vous achèterez pour autant la voiture, mais cela changera quand même votre opinion de la marque, sans que vous vous en rendiez compte. Ce sera d'autant plus fort que vous aurez délibérément choisi de rentrer dans le magasin pour essayer la voiture. Certes, vous aurez fait ce choix délibérément, mais il peut s'avérer que des circonstances particulières vous y auront poussé. Par exemple, vous attendiez un train ou un avion, donc vous aviez du temps à perdre, et on vous a proposé d'essayer le dernier modèle d'une marque de voitures que vous appréciez. Pourquoi ne pas y aller ? Alors vous acceptez, de manière libre et volontaire. Et votre comportement vous engage.

Le principe est simple : une personne pose un acte de manière librement consentie, c'est-à-dire sans obligation, et cela l'engage.

Il est d'autant plus engageant de poser un acte public, comme écrire un commentaire d'évaluation sur un site.

Lorsqu'une personne a l'impression qu'elle est libre d'accepter ou non ce qu'on lui demande de faire, elle sera plus à même de l'accepter. Et tout est dans la manière de le lui demander.

De plus, si vous lui demandez de le faire sans aucun bénéfice pour elle, c'est-à-dire généreusement, gratuitement, alors elle en sera d'autant plus engagée.

Comment l'appliquer ?

Votre client peut très bien avoir une haute opinion de votre service ou de votre produit, mais sans jamais le faire savoir à d'autres. Comment le faire passer de client content à ambassadeur du produit/service ?

La réponse est simple : il faut lui faire poser un acte. À partir de ce moment, pour rester cohérent avec son acte, il se sera engagé vis-à-vis de votre produit/service et sera donc plus à même d'en faire la promotion par ailleurs.

Pour ce faire, proposez-lui de remplir une évaluation, de rédiger une recommandation ou de répondre à un questionnaire de satisfaction.

Il faut que l'action soit simple. C'est le cas des services qui proposent, tout de suite après avoir été fournis, de cliquer sur le nombre d'étoiles qui convient à notre opinion (figure 6-4). Cela ne prend pas de temps, alors il est facile de le faire.

Figure 6-4 L'utilisateur clique sur l'évaluation qui lui correspond.

Ensuite, généralement, on vous propose de laisser un commentaire. Vous êtes déjà engagé dans l'action de laisser un avis donc, même si cela prend plus de temps et d'énergie, vous êtes plus enclin à écrire ce commentaire maintenant que vous avez réalisé une première action moins coûteuse. C'est ce qu'on appelle la technique du pied dans la porte. Cette technique consiste à engager une personne dans un premier comportement peu coûteux puis, dans un second temps, à lui faire une requête plus importante. Il a plus de chance d'accepter car il s'est déjà engagé et de manière volontaire.

À retenir

- Un acte librement consenti engage vos utilisateurs.
- Pour engager simplement vos utilisateurs, proposez-leur de remplir une évaluation, de rédiger une recommandation ou de répondre à un questionnaire de satisfaction. Cela l'engagera auprès de votre service et il sera plus enclin à en faire la publicité autour de lui.

En savoir plus

- Vidéo de Robert Vincent Joule :
  https://youtu.be/UDznVL7JMwc?t=240
- Joule, R.V., Beauvois, J.L. & Deschamps, J.C. (2002). *Petit traité de manipulation à l'usage des honnêtes gens*. Extraits :
  http://www.education-authentique.org/uploads/PDF-DOC/JBM_Trait%C3%A9_manipulation_JouleBeauvois.pdf

FICHE #24
PROPOSEZ UNE SURPRISE POUR TOUCHER POSITIVEMENT VOS UTILISATEURS

La théorie

La surprise est une émotion puissante qui touche positivement vos utilisateurs (lorsqu'elle est conçue volontairement pour avoir cet effet et que cela fonctionne évidemment).

L'effet de la surprise a été mesuré de manière expérimentale par Meyer et al., en 1991. Dans cette expérience, on présentait deux mots sur un écran d'ordinateur. Un point était présenté à chaque fois, soit au-dessus des mots, soit en dessous. En fonction de cela, les participants devaient appuyer soit sur la touche droite soit sur la touche gauche d'un clavier. 29 essais étaient ainsi menés, toujours de la même manière. Au 30e essai, au lieu d'être présentés comme précédemment par des lettres noires sur fond blanc, les mots s'affichaient en blanc sur fond noir.

Les participants ont été surpris et ont mis plus de temps à répondre si le point était placé au-dessus ou en dessous des mots. En outre, les participants se souvenaient des mots qui étaient présentés et de la position du point, alors que dans une condition sans surprise, ils ne s'en souvenaient pas.

La surprise a provoqué un regain d'attention et, par conséquent, une bien meilleure mémorisation des mots et de la position du point.

Une autre étude montre en quoi la surprise captive l'attention lors du visionnage de publicités (Teixeira et al. 2012). 28 publicités étaient montrées à des personnes :

- 14 présentaient des émotions « neutres ».
- 7 suscitaient de la joie.
- 7 provoquaient de la surprise.

Les personnes testées avaient la possibilité de passer la publicité pour visionner la suivante ou de cliquer sur un lien pour aller voir le site web de l'annonceur.

En concordance avec leurs hypothèses, la surprise et la joie concentrent efficacement l'attention et fidélisent les téléspectateurs. La surprise touche même plus que la joie et attire davantage l'attention.

Les plus efficaces étaient les publicités qui faisaient monter l'émotion en intensité et se terminaient sur un niveau élevé : « trajectoire stable et pic » *(peak and stable trajectory).*

Une autre stratégie qui fonctionne à merveille est d'alterner pics et creux émotionnels, en quelque sorte les montagnes russes de l'émotion.

Ainsi, la surprise provoque l'attention et la mémorisation de manière puissante.

Comment l'appliquer ?

La surprise est un excellent moyen pour fidéliser vos utilisateurs, les faire parler de votre application, site ou produit, leur laisser un souvenir mémorable.

De plus, de petits détails suffisent pour ajouter une touche de surprise : une animation, un message humoristique, un graphisme hors du commun ou un travail sur les sons de l'application.

De l'humour pour créer la surprise

Je me souviens avoir commandé il y a quelque temps un coussin ergonomique sur le site de e-commerce Les Babilleuses. Je n'avais jamais consommé chez eux. Durant la réservation, les messages du site étaient plus détendus qu'à l'habitude et le ton était plus familier, plus proche du consommateur. Je trouvais alors l'expérience plutôt inhabituelle et plaisante.

Lorsque j'ai reçu mon colis et déballé mon produit, j'ai découvert le petit mot suivant :

Elles sont fraîches nos microbilles, elles sont fraîches !

Et l'odeur qui peut en provenir vient du procédé d'expansion à la vapeur, qui chauffe la matière première et en décuple les senteurs. Il n'y a pas de produit chimique ni risque de toxicité, c'est simplement leur fraîcheur. À l'inverse du poisson, plus elles sont fraîches plus elles sentent. Si l'odeur vous incommode, sachez qu'elle va passer, vous pouvez accélérer le processus en retirant la housse externe pour que le coussin respire plus. Il n'est pas nécessaire de laver le coussin pour cela. Et regardez sur notre site, dans l'onglet vidéo du bas de page, notre tuto pour rehousser facilement votre coussin.

Ce message plein d'humour m'a marquée et j'ai gardé le souvenir du site, en espérant plus tard commander à nouveau chez eux. Voilà une expérience client réussie !

À retenir

- La surprise provoque efficacement l'attention et la mémorisation.
- La surprise est un excellent moyen pour fidéliser vos utilisateurs, les faire parler de votre application, site ou produit, leur laisser un souvenir mémorable.
- De petits détails suffisent pour ajouter une touche de surprise : une animation, un message humoristique, un graphisme hors du commun ou un travail sur les sons de l'application.
- Proposez des surprises tout au long de l'expérience, mais surtout à la fin.

Bibliographie

- Meyer, W.U., Niepel, M., Rudolph, U. & Schützwohl, A. (1991). « An experimental analysis of surprise ». *Cognition & Emotion*, 5(4), 295-311.
- Teixeira, T., Wedel, M. & Pieters, R. (2012). « Emotion-induced engagement in internet video advertisements ». *Journal of Marketing Research*, 49(2), 144-159.

Partie 3

REMPORTEZ l'adhésion

Vous savez maintenant proposer un design attractif et créer un impact ; il ne vous reste plus qu'à remporter l'adhésion chez vos utilisateurs.

Rien n'est plus facile en suivant ces quelques principes : humanisez vos interfaces pour créer l'émotion, engagez vos utilisateurs et devenez plus persuasif pour les embarquer définitivement avec vous. Une expérience bien conçue change l'utilisateur.

7 Engagez vos utilisateurs

L'UX design ne se limite pas à de belles interfaces, ce n'est pas juste permettre à l'utilisateur de réaliser sa tâche avec fluidité, mais c'est **l'accompagner** réellement, susciter un **réel** engagement de sa part. Résoudre une activité complexe, apprendre une nouvelle compétence, changer ses habitudes ou encore réaliser une tâche rébarbative, nécessitent d'être accompagné au mieux. Pour cela, nous allons nous attacher à engager nos utilisateurs dans leur tâche.

DANS CE CHAPITRE

FICHE #25
SACHEZ DÉCLENCHER DES COMPORTEMENTS CHEZ VOS UTILISATEURS

La théorie

Au-delà de belles interfaces, l'UX design doit offrir une expérience engageante, qui change l'utilisateur : apprendre une langue, préparer un marathon, arrêter de fumer...

Alors, qu'est-ce qui nous fait adopter tel ou tel comportement ? Pour répondre à cette question, Fogg (2009) propose une modélisation des facteurs qui entrent en jeu. Il en décrit deux principaux, la motivation et les capacités, auxquels il ajoute le déclencheur.

Les trois ingrédients nécessaires

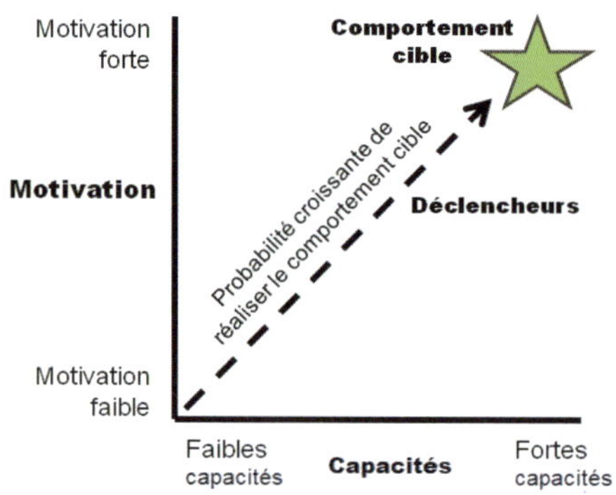

Figure 7-1 Modèle de Fogg (2009)

Axe motivation : le degré de motivation de la personne qui agit

Axe capacités : le degré avec lequel le comportement est perçu comme facile ou difficile à produire

Le troisième ingrédient, c'est le déclencheur. C'est l'événement (ou micro-événement) qui appelle l'utilisateur à réaliser sans attendre le comportement ciblé. C'est l'allumette qui déclenche le feu ; on a beau avoir du bois et de l'air, s'il n'y a pas le déclencheur, le feu ne prendra pas.

Même si la motivation est faible, il suffit que le déclencheur dépasse un certain seuil pour produire un comportement facile à exécuter.

Imaginons que vous soyez sur le site d'un centre équestre à côté de chez vous. Le site propose de vous inscrire à sa newsletter. Bien sûr, vous en avez toutes les capacités ; il vous suffit de saisir votre nom et votre adresse électronique, c'est simple. Cependant, votre motivation est faible : vous vous interrogez sur l'intérêt et vous n'avez pas envie de recevoir trop de courriels.

À l'inverse, un comportement complexe, mais avec un haut niveau de motivation, peut également être produit en présence du bon déclencheur. Par exemple, vous désirez passer votre permis bateau depuis des années (facteur motivation fort) et votre meilleur ami vous propose d'acheter un bateau avec lui (déclencheur) ; alors, même si cela représente un investissement, vous allez vous engager dans l'obtention du permis bateau (facteur capacité faible).

La motivation

Fogg définit trois déclencheurs qui peuvent accentuer la motivation :

- **Le plaisir ou la souffrance** : ce sont des stimulateurs bien ancrés dans notre biologie. La motivation augmente lorsqu'on perçoit une source de plaisir, ou bien l'évitement d'une souffrance.
- **L'espoir et la peur** : ils sont plus puissants et plus durables que les précédents. On peut par exemple endurer une souffrance parce qu'on anticipe l'évitement d'une peur. C'est ce qui se passe lorsque l'on se fait soigner une dent. Nous endurons une souffrance pour éviter que notre problème s'aggrave. Les gens sont motivés par l'espoir lorsqu'ils s'inscrivent sur un site de rencontres et par la peur lorsqu'ils téléchargent un antivirus ou commandent une alarme pour leur maison.
- **L'acceptation ou le rejet social** : c'est ce qui nous motive par exemple pour publier sur les réseaux sociaux tels que Facebook.

Les capacités

Le facteur capacité traduit la perception d'un accès facilité au comportement. Et ce modèle propose six ressources qui suscitent le comportement :

- **Le temps :** moins le comportement cible requiert de temps, plus il paraîtra facile de l'émettre.
- **L'argent, l'effort physique, l'effort intellectuel :** un comportement est facilité lorsqu'il ne coûte pas ou peu d'argent, ni d'effort physique ou intellectuel.
- **La déviance sociale :** un comportement sera rendu plus difficile s'il doit rentrer en contradiction avec les normes sociales.
- **La non-routine :** un comportement est plus simple s'il est bien intégré dans une routine quotidienne. Si celle-ci doit changer, alors cela complexifiera le comportement à émettre.

Les capacités varient en fonction des personnes et des contextes. Certaines personnes ont plus de temps, d'autres plus d'argent... Les contraintes qui vont peser sur leurs capacités seront différentes.

> En tant que designer UX, nous devons nous demander quelles sont les contraintes et capacités spécifiques de notre public, en reprenant les différentes dimensions évoquées.

Les déclencheurs

Souvent négligés, ils sont pourtant nécessaires. La motivation et les capacités ne suffisent pas toujours à déclencher un comportement. Fogg en distingue trois types : étincelles, facilitateurs et signaux.

Déclencheur étincelle : c'est ce qui motive le comportement.

- Quand on manque de motivation pour déclencher le comportement, on utilise ce type de déclencheur.
- Le déclencheur est reconnu et lié à un comportement cible.
- Il est présenté à un moment où les utilisateurs peuvent agir.

Reprenons l'exemple de l'inscription à la newsletter du centre équestre. Si on vous explique que vous allez être tenu au courant des portes ouvertes pour découvrir le centre équestre et que vous pouvez gagner des balades à cheval gratuites, cela produira peut-être chez vous l'envie de vous inscrire à cette newsletter.

Dans ce cas, le déclencheur étincelle aura permis à la combinaison motivation/capacités de dépasser le seuil critique pour agir.

Déclencheur facilitateur : il rend le comportement plus facile. Il est adapté pour les cas où il y a forte motivation mais peu de capacité. Le déclencheur facilitateur va informer l'utilisateur que le comportement attendu est facile à réaliser.

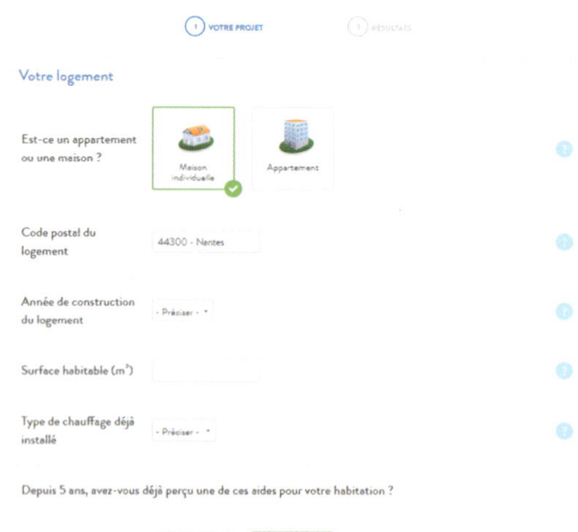

Figure 7-2 Questionnaire pour recevoir des préconisations adaptées sur la rénovation de bâtiment
Source : quelleenergie.fr

Réaliser des travaux pour améliorer la performance énergétique de sa maison n'est pas toujours simple quand on n'y connaît pas grand chose. Le site quelleenergie.fr oriente ses utilisateurs vers des solutions de réduction d'énergie qui sont tout à fait adaptées pour leur logement (figure 7-2). Pour cela, il propose de remplir un formulaire simple et engageant et propose des pistes prioritaires sur lesquelles agir.

Déclencheur signal : il indique un rappel. Il est adapté lorsque l'utilisateur a déjà une forte motivation et une forte capacité. Par exemple, les applications podomètres proposent des rappels les jours où nous n'avons pas encore réalisé notre « quota » de pas.

Comment l'appliquer ?

Deux chercheurs finlandais, Oinas-Kukkonen & Harjumaa (2009), ont proposé, à la suite des travaux de Fogg, une liste de principes aidant à engager les utilisateurs. Ces principes peuvent être adaptés et intégrés aux parcours des utilisateurs afin d'optimiser leur engagement. Vous retrouverez d'autres critères décrits par Oinas-Kukkonen & Harjumaa dans les fiches 28 et 32.

Simplification

Un système qui découpe les comportements complexes en tâches simples sera plus persuasif (ex. un site qui permet de choisir un produit parmi une gamme très large).

Effet tunnel

Le système doit guider les utilisateurs dans le processus de changement en proposant des moyens d'action qui les rapprochent du comportement cible.

Par exemple, l'application 90 jours propose de réaliser des défis pour l'environnement (figure 7-3).

Figure 7-3 Copie d'écran de l'application 90 jours

Adaptation

Les informations fournies par le service sont plus convaincantes si elles sont adaptées aux besoins potentiels, aux intérêts, à la personnalité, au contexte d'utilisation ou d'autres facteurs pertinents pour un groupe d'utilisateurs.

Personnalisation

Le système peut être personnalisé en termes de contenu ou de service. Par exemple, un service d'apprentissage de langues s'adapte au niveau de l'utilisateur.

Auto-surveillance

Le système propose de garder une trace des performances ou objectifs achevés de l'utilisateur.

Prenons l'exemple de l'application Strava qui permet d'enregistrer ses performances de course à pied (figure 7-4).

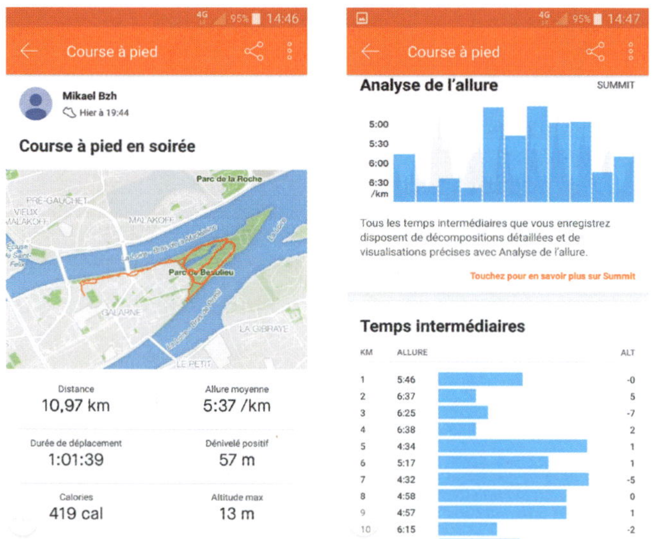

Figure 7-4 Copies d'écran de l'application Strava qui permet d'enregistrer ses performances de course à pied.

Rappels

Les utilisateurs seront plus susceptibles d'atteindre leurs objectifs si on leur offre un rappel régulier de ceux-ci.

Suggestion

Un système peut proposer une suggestion à un moment opportun ; cela aura d'autant plus d'impact.

Par exemple, dans une famille, au moment du goûter, on suggère qu'un enfant peut manger une pomme plutôt que des gâteaux.

Appréciation

Un système plus attractif visuellement sera plus persuasif, alors soignez votre graphisme !

Par exemple, si vous aviez envie de calculer votre empreinte écologique, préféreriez-vous le questionnaire de la figure 7-5 ou celui de la figure 7-6 ?

Figure 7-5 Calculateur d'empreinte écologique proposé par WWF
wwf.ch/fr/vie-durable/calculateur-d-empreinte-ecologique

Figure 7-6 Calculateur d'empreinte écologique proposé par Global Footprint Network
footprintcalculator.org/fr/quiz/0/food/category

Il est probable que vous aimeriez mieux remplir le second questionnaire, qui est plus attractif visuellement.

Simulation

Les systèmes de simulation permettent aux utilisateurs de faire le lien entre causes et effets d'actions de leur part.

À retenir

- Selon le modèle de Fogg (2009), engager l'utilisateur est un peu comme allumer un feu. Il faut trois ingrédients : une motivation suffisante, une capacité suffisante et un déclencheur.
- La combinaison motivation et capacité doit être au-dessus d'un certain seuil d'activation. Alors, le déclencheur amènera une personne à exécuter le comportement cible.
- Il existe trois types de déclencheurs : l'étincelle, le facilitateur et le signal.
- La motivation est accentuée par le plaisir ou la souffrance, l'espoir ou la peur, l'acceptation ou le rejet social.
- Les capacités concernent l'argent, le temps, l'effort physique ou intellectuel, la déviance sociale, la non-routine.
- Voici quelques facteurs qui rendent une technologie plus persuasive :
  - la simplification ;
  - l'effet tunnel ;
  - l'adaptation ;
  - la personnalisation ;
  - l'auto-surveillance ;
  - les rappels ;
  - la suggestion ;
  - l'appréciation ;
  - la simulation.

Bibliographie

- Fogg, B.J. (2003). *Persuasive technology : using computers to change what we think and do.* Elsevier. 283 pages.
- Fogg, B.J. (2009). « A behavior model for persuasive design ». *In Proceedings of the 4th international Conference on Persuasive Technology*, p. 40. ACM.
https://www.mebook.se/images/page_file/38/Fogg%20Behavior%20Model.pdf

- Oinas-Kukkonen, H. & Harjumaa, M. (2009). « Persuasive systems design : key issues, process model and system features ». *Communications of the Association for Information Systems*, 24(1), 28.
  https://skateboardingalice.com/papers/2009_Oinas-Kukkonen.pdf

En savoir plus

- Foulonneau, A., Calvary, G. & Villain, E. (2015). « État de l'art en conception de systèmes persuasifs ». *Journal d'Interaction Personne-Système* (JIPS), 4(1), 19-47.
  https://hal.archives-ouvertes.fr/hal-01207681/file/2-Foulonneau%26co-19-47.pdf

FICHE #26
DONNEZ POUR RECEVOIR

La théorie

Le neveu de Durkheim, Marcel Mauss, aussi surnommé « le père de l'anthropologie française », publie son *Essai sur le don* en 1925, qui fait encore date sur le sujet. Pour lui, le don serait un fait social universel qui implique un contre-don. Il serait en fait composé de trois dimensions indissociables : donner, recevoir et rendre.

Ainsi, lorsque quelqu'un nous « donne » quelque chose, nous nous sentons dans l'obligation de lui « rendre » la pareille.

Fogg et son collègue Clifford Nass ont réalisé une étude pour savoir si cet effet de réciprocité fonctionnait également avec un ordinateur.

Ils ont proposé une première expérimentation dans laquelle les participants devaient demander de l'aide à l'ordinateur. Les participants recevaient pour moitié une aide importante, réellement utile dans leur tâche, et pour l'autre moitié une aide faible. Ils avaient tous devant les yeux les mêmes ordinateurs et les mêmes interfaces ; c'est la qualité des informations reçues lors de leurs recherches qui variait.

Ensuite, les expérimentateurs proposaient aux participants de réaliser une tâche qui était présentée comme n'étant pas reliée à la première. Il devaient classer trois couleurs de la plus claire à la plus sombre. Et ils réalisaient cette tâche autant de fois qu'ils le souhaitaient. Ils pouvaient donc s'arrêter quand ils le voulaient.

Les participants qui avaient été très aidés par l'ordinateur ont bien voulu classer deux fois plus de couleurs que les autres.

Nous pourrions reprocher à cette étude le fait que les participants qui avaient été plus aidés étaient contents et que leur humeur a pu jouer sur l'allant qu'ils avaient à participer à la seconde tâche, mais pour la moitié de ces participants, les expérimentateurs demandaient de changer d'ordinateur. Seuls ceux qui conservaient le même ordinateur étaient plus aidants. Ainsi, il y a bien eu un effet de réciprocité : ils voulaient aider l'ordinateur qui les avait aidés dans la tâche précédente.

Pour conclure, selon Fogg & Nass (1997), les gens ressentent le besoin de réciprocité lorsqu'un système technologique leur fait une faveur.

Comment l'appliquer ?

Cette tendance naturelle à la réciprocité peut être utilisée à de nombreuses occasions. Utilisez-la en donnant « gratuitement » à vos utilisateurs, puis en leur suggérant comment vous aider.

- Offrez un livre blanc et demandez les coordonnées de votre interlocuteur en échange.

- Éditez des articles de blog et proposez de s'inscrire à la *newsletter* ou offrez vos services.
- Mettez à disposition un jeu vidéo, des informations ou une interaction utile à vos utilisateurs et ensuite proposez-leur de faire un don.
- Fidélisez les utilisateurs en apportant du contenu gratuit régulièrement, par envoi de courriels sur une liste de diffusion.
- Offrez un cadeau supplémentaire suite à un achat : avec un vêtement acheté, le client recevra en plus un accessoire.
- Demandez à vos utilisateurs de vous recommander à un ami, etc.

À retenir

- Lorsque quelqu'un nous « donne » quelque chose, nous nous sentons dans l'obligation de lui « rendre » la pareille. Pour Fogg, nous ressentons le besoin de réciprocité lorsqu'un système technologique nous fait une faveur.
- Utilisez cette tendance naturelle à la réciprocité en donnant « gratuitement » à vos utilisateurs, puis en leur suggérant comment vous aider.

Bibliographie

- Fogg, B. J. & Nass, C. (1997). « How users reciprocate to computers : an experiment that demonstrates behavior change ». *In CHI'97 extended abstracts on Human factors in computing systems*, pp. 331-332.
  https://dl.acm.org/doi/pdf/10.1145/1120212.1120419
- Serge Paugam, *Réciprocité, sociologie, les 100 mots de la sociologie*, mis en ligne le 1er janvier 2016, consulté le 6 mai 2019.
  http://journals.openedition.org/sociologie/3203

En savoir plus

- Marcel Mauss, *Essai sur le don*, Paris, PUF, coll. « Quadrige » (1925), 2007.

FICHE #27
METTEZ EN AVANT LA PREUVE SOCIALE

La théorie

C'est humain, nous sommes rassurés lorsque nos choix ont également été adoptés par un grand nombre de personnes, ou des personnes en qui nous avons confiance. C'est en cela que les techniques des « preuves sociales » fonctionnent chez les utilisateurs.

Selon le psychologue social américain Robert Cialdini, auteur notamment de *Influence et manipulation* :

« Habituellement, quand un grand nombre de gens fait quelque chose, c'est que c'est la meilleure chose à faire. Cette vérification par les faits est à la fois la force et la faiblesse du principe de la preuve sociale. [...] La preuve sociale représente un raccourci commode, mais elle rend en même temps celui qui l'emprunte vulnérable aux assauts des profiteurs embusqués sur le chemin. »

Les preuves sociales *augmentent la crédibilité*, d'une part, et *encouragent l'adoption*, d'autre part.

Comment l'appliquer ?

Valoriser votre service

Il s'agit de montrer qu'un grand nombre de personnes a partagé votre article, mis cinq étoiles à votre produit, ou encore acheté et apprécié votre livre.

Vous pouvez donc :

- afficher le nombre de partages Facebook, LinkedIn, Twitter ;
- présenter des témoignages clients, le mieux étant en vidéo bien entendu ;
- afficher les personnes connues ou les entreprises réputées qui ont fait appel à vos services ou qui vous financent ;
- révéler des témoignages de clients nommés et identifiés, avec le plus de détails possible : nom de l'entreprise, mais également de la personne qui témoigne, sa photo, son témoignage orienté résultats.

Figure 7-7 Témoignages clients du site Team officine mettant en valeur le service

Il existe trois risques auxquels vous vous exposez lorsque vous utilisez les preuves sociales :

- Faire appel à des personnes qui ne correspondent pas à votre cible. Par exemple, vous demandez à une personnalité de vanter les mérites de votre produit, mais elle va à contre-pied de votre cible. Cela aura tendance à décrédibiliser vos produits.
- Afficher un faible nombre de partages. Cela ne donne pas envie à vos utilisateurs de suivre.
- Alourdir la page et défavoriser les personnes ayant une connexion faible.

Dans un article (https://www.nngroup.com/articles/social-proof-ux/), Jennifer Cardello (Cordello, 2014) propose plusieurs questions à se poser et des méthodologies à employer afin d'y répondre.

Tableau 7-1 Questions à se poser et méthodologies à employer pour mettre en place la preuve sociale adaptée selon Jennifer Cardello

Questions à se poser	Méthodologies à employer
Quelle est la technique de preuves sociales qui convient à la problématique de votre service ?	Faites des tests A/B de témoignages, de critiques... afin de déterminer quelles preuves sociales sont les plus efficientes.
Les preuves sociales ont-elles un impact sur la crédibilité ?	Réalisez des tests utilisateurs suivis d'un questionnaire portant spécifiquement sur la confiance. Voici un exemple de questions : « Sur une échelle de 1 à 7, dans quelle mesure vous sentez-vous confiant dans cette sélection ? »
Les utilisateurs remarquent-ils les preuves sociales que vous leur proposez ?	Réalisez des tests utilisateurs
Les preuves sociales viennent-elles surcharger les utilisateurs ?	Les tests utilisateurs peuvent indiquer si les fonctionnalités de preuves sociales conduisent à une interface encombrée et confuse.
Est-ce que les preuves sociales ralentissent les pages ?	Évaluation du temps de chargement de la page pour déterminer s'il est raisonnable pour une variété de conditions de connectivité.

À retenir

- Les preuves sociales *augmentent la crédibilité*, d'une part, et *encouragent l'adoption*, d'autre part.
- Vous pouvez donc :
  - afficher le nombre de partages Facebook, LinkedIn, Twitter ;
  - présenter des témoignages clients, le mieux étant en vidéo bien entendu ;

  - afficher les personnes connues ou les entreprises réputées qui ont fait appel à vos services ou qui vous financent.
- Attention tout de même :
  - faites appel à des personnes qui correspondent à votre cible ;
  - affichez un nombre de partages ou une évaluation positive ;
  - n'alourdissez pas trop la page.
- Utilisez le tableau des questions à se poser pour vous assurer que votre preuve sociale est pertinente.

En savoir plus

- Cours OpenClassrooms sur les tests utilisateurs
  https://openclassrooms.com/fr/courses/5192236-menez-une-recherche-utilisateur/5448691-apprenez-beaucoup-grace-aux-tests-utilisateur
- Lallemand, C. & Gronier, G. (2018). *Méthodes de design UX : 30 méthodes fondamentales pour concevoir et évaluer les systèmes interactifs*, 2e édition. Éditions Eyrolles, chapitre 30 sur les tests utilisateurs.
- Cordello J. (2014, 19 octobre). Social Proof in the User Experience.
  https://www.nngroup.com/articles/social-proof-ux/

FICHE #28
PASSEZ PAR LE SUPPORT SOCIAL POUR ENGAGER

La théorie

Le support social est l'un des quatre critères décrits par Oinas-Kukkonen et Harjumaa. Il s'agit de s'appuyer sur les comportements prosociaux de vos utilisateurs pour créer l'engouement pour votre service.

Voici les différents facteurs d'engagement qui s'appuient sur le support social :

- apprentissage social ;
- comparaison sociale ;
- influence normative ;
- facilitation sociale ;
- coopération ;
- compétition ;
- reconnaissance.

Comment l'appliquer ?

Voyons maintenant ce que recouvrent ces critères et comment les mettre en pratique.

Apprentissage social

Une personne sera plus motivée à adopter un comportement si elle peut utiliser une interface pour observer d'autres personnes qui effectuent le comportement cible, et être récompensée pour cela. Il peut s'agir par exemple d'une application qui encourage l'activité physique où les utilisateurs échangent leurs réussites journalières.

Comparaison sociale

Cela ressemble à l'apprentissage social, à ceci près que la comparaison sociale joue sur la comparaison avec les autres : l'utilisateur compare ses performances avec celle des autres. Il sera donc plus motivé pour faire mieux.

Par exemple, le site EDF présente la consommation en électricité de votre ménage et la compare à celle de ménages similaires, c'est-à-dire comportant le même nombre de personnes, le même type d'équipement (chauffage notamment) et avec une surface d'habitation similaire (figure 7-8).

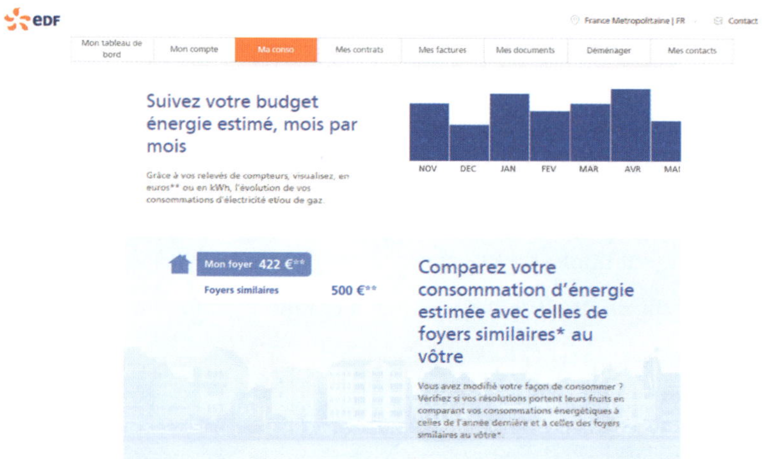

Figure 7-8 Comparaison de la consommation en électricité de votre ménage par rapport à des ménages similaires
edf.fr

Influence normative

Figure 7-9 Présentation du « veggie challenge »
vegan-pratique.fr

Il est intéressant de tirer parti des influences normatives, c'est-à-dire de la pression sociale sur un sujet, pour augmenter la probabilité qu'une personne adopte un comportement. Dans ce cas, l'interface réunit des personnes ayant les mêmes normes sociales ; ainsi ensemble, elles se renforcent les unes les autres. Par exemple, l'association L214 de défense des animaux propose un *veggie challenge* qui soutient les personnes souhaitant devenir *vegan*. Il propose des informations quotidiennes pour réaliser ce défi, mais aussi un groupe Facebook qui renforce les convictions des personnes et leur apporte un soutien social.

Facilitation sociale

Figure 7-10 Copie d'écran d'un défi de marche issu de l'application Samsung Health

Nous sommes plus à même d'adopter le comportement cible si nous voyons que d'autres le font en parallèle. L'exemple suivant présente une application liée à une montre connectée qui propose des défis basés sur le nombre de pas effectués. L'application compare les performances à celles d'autres utilisateurs et présente la communauté qui utilise également l'application. L'utilisateur obtient un bilan de ses performances avec un classement par rapport aux autres utilisateurs. Il peut aussi lancer un défi à un autre utilisateur. C'est donc un moyen ludique et addictif de s'engager dans l'exercice physique.

Coopération

Figure 7-11 Copie d'écran de l'application Quit now qui présente un espace de discussion où les personnes qui arrêtent de fumer se soutiennent mutuellement.

Les êtres humains ont une tendance naturelle à coopérer. Les applications ou sites peuvent tirer parti de cette tendance à se soutenir les uns les autres, même sans se connaître, lorsqu'on partage le même combat ou la même cause. C'est le cas des forums de discussion par exemple.

Compétition

Tout comme la coopération, la compétition est une tendance naturelle qui peut être encouragée pour faire adopter un comportement.

Reconnaissance

Il s'agit d'offrir une reconnaissance publique pour l'adoption d'un comportement. Par exemple, en nommant les personnes qui ont réalisé leur objectif du mois.

À retenir

Il est bon de vous appuyer sur les comportements prosociaux de vos utilisateurs pour créer de l'engouement pour votre service.

Voici les différents facteurs d'engagement qui s'appuient sur ce support social :

- apprentissage social ;
- comparaison sociale ;
- influence normative ;
- facilitation sociale ;
- coopération ;
- compétition ;
- reconnaissance.

Bibliographie

- Oinas-Kukkonen, H. & Harjumaa, M. (2009). *Persuasive systems design : key issues, process model and system features*. Communications of the Association for Information Systems, 24(1), 28.
  https://skateboardingalice.com/papers/2009_Oinas-Kukkonen.pdf

8 Humanisez vos interfaces

La communication numérique peut être perçue comme froide ou distante pour vos utilisateurs. Pensez à utiliser des représentations humaines ou de personnages présentant des comportements humains pour rendre vos interfaces plus conviviales. En particulier, représenter des visages transmet des émotions très rapidement et avec force. Les gestes également viennent renforcer votre message. L'imitation peut être aussi une autre piste pour créer une interaction de qualité avec vos utilisateurs.

Ne négligez pas la puissance des représentations humaines ou humanoïdes !

DANS CE CHAPITRE

FICHE #29
MESUREZ LA PUISSANCE DES VISAGES POUR TRANSMETTRE DES ÉMOTIONS

La théorie

Dans la vie quotidienne, nous constatons que le non verbal joue un rôle important dans les communications humaines : un froncement de sourcil nous fait reformuler une phrase, un regard attire notre attention, un geste permet de se comprendre sans parler...

Si une image vaut mieux qu'un long discours, cela est d'autant plus vrai lorsqu'il s'agit d'une représentation humaine qui arbore une mimique sans équivoque.

Bien avant le langage, ce sont les gestes, les mimiques, les postures et l'intonation qui sont compris par le bébé. Le non verbal joue un rôle subtil mais essentiel dans les interactions sociales. Un même discours accompagné de gestes empathiques ou neutres n'aura pas les mêmes effets.

De plus, les comportements non verbaux servent également de régulateurs dans l'interaction entre deux individus. Par exemple, des regards indiquent que l'autre veut prendre la parole ou qu'il s'apprête à la donner (Kendon, 1967).

Les mécanismes très subtils de la gestion des tours de parole

Lorsque nous parlons, nous utilisons des mécanismes très subtils pour éviter de se couper la parole. Avez-vous remarqué qu'il arrive beaucoup plus souvent qu'on se coupe la parole au téléphone ou en visio (avec ou sans vidéo) ?

Cela est dû à ces mécanismes très fins de gestion des tours de parole. Dans une expérience, le chercheur américain Adam Kendon a mesuré très finement, à l'aide d'enregistrements en vidéo, des dialogues entre deux personnes. Il observait plus particulièrement l'orientation du regard des deux interlocuteurs. Les résultats de son étude sont passionnants.

- Celui qui parle passe moins de temps à regarder l'autre que celui qui écoute.
- Lorsqu'il s'apprête à passer la parole à l'autre, il regarde fixement son interlocuteur une à deux seconde(s) avant de se taire, puis lorsque celui-ci commence à parler, il détache son regard. Inversement, celui qui écoute détache son regard de son interlocuteur avant de prendre la parole puis le regarde à nouveau une fois son tour engagé.
- Par ailleurs, en concomitance avec le changement d'orientation du regard, se produit un changement de position de la tête et du buste.
- Ainsi, l'orientation du regard est un indice puissant pour signifier les prises et les fins des tours de parole.
- Le rôle important du regard dans l'intercompréhension a aussi été montré par d'autres auteurs. Le regard informe les interlocuteurs de leur intérêt et compréhension mutuelle et fournit ainsi un *feedback* de ce qui est dit dans l'interaction (Clark & Schaefer, 1989). Les participants se regardent beaucoup lorsqu'ils produisent beaucoup de signes d'accord et de compréhension mutuelle telles que « oui oui », « bien sûr » ou « je vois »... On trouve également ces formes lorsque le locuteur développe un argument et demande son accord à l'auditeur.

En visio, même si on a la vidéo, il manque souvent les informations relatives à la position du corps de l'autre dans l'espace, ainsi que certains signaux fins du visage. Rien ne vaut une communication en présentiel.

Je vous invite à observer autour de vous deux personnes en train de dialoguer. Observez finement les temps de regard, vous verrez qu'ils sont orchestrés de manière très subtile.

Les comportements non verbaux, en particulier les mimiques du visage, sont transmis à une vitesse fulgurante. Ils font passer les émotions de manière puissante. Or, ces dernières vont jouer un rôle primordial dans l'expérience que vous ferez vivre à vos utilisateurs.

Le décodage des émotions est lié à la culture. Néanmoins, il existe six émotions reconnues universellement, dites de base (Ekman & Friesen, 1971) :

- tristesse ;
- joie ;
- colère ;
- peur ;
- dégoût ;
- surprise.

Les chercheurs étaient même allés rencontrer des tribus encore non connectées au reste du monde à l'époque pour réaliser leurs recherches. Ainsi, dans n'importe quelle partie du monde, si vous exprimez une de ces émotions *via* les mimiques du visage, l'émotion sous-jacente sera reconnue immédiatement. Cela montre la puissance de ces comportements non verbaux.

Figure 8-1 Les six émotions universelles et leur expression sur le visage (Kendon, 1967)

Comment l'appliquer ?

Prenez conscience de la puissance des visages humains arborant une expression faciale.

Nous reconnaissons très bien les émotions, notamment celles de base, et elles sont inscrites à un niveau très profond dans notre cerveau. De plus, cela viendra renforcer la trace mnésique de votre message (fiche 15).

Ainsi, vous pouvez utiliser des photos, vidéos ou représentations de visages expressifs (dessins, croquis, animation, etc.) pour transmettre rapidement des émotions. Elles viendront appuyer votre message avec une force incomparable.

Si votre design a vocation à être diffusé dans plusieurs pays de cultures différentes, assurez-vous que l'émotion soit correctement reconnue par tous. Rappelez-vous, les émotions véhiculent des informations de manière puissante. Si vous vous trompez de message, le résultat sera contre-productif.

En revanche, les six émotions de base sont reconnues par toutes les cultures : peur, colère, tristesse, joie, dégoût et surprise.

Si une image vaut mille mots, une représentation humaine présentant une émotion en vaut dix mille.

Figure 8-2 Une illustration avec un visage vaut dix mille mots
unenfantparlamain.org

À retenir

- Une représentation d'humain (photo ou représentation) arborant une expression faciale transmet immédiatement une émotion.

- La perception et l'interprétation des émotions liées aux expressions faciales sont des compétences précoces et très profondes chez l'humain.
- Il existe six émotions reconnues universellement, dites de base : tristesse, joie, colère, peur, dégoût et surprise.
- Utilisez des photos, vidéos ou représentations de visages expressifs pour transmettre rapidement des émotions. Cela viendra appuyer votre message avec une force incomparable.

Bibliographie

- Kendon, A. (1967). « Some functions of gaze-direction in social interaction ». *Acta psychologica*, 26, 22-63.
  http://www.coli.uni-saarland.de/~masta/WS15/Alena.pdf
- Ekman, P. & Friesen, W.V. (1971). « Constants across cultures in the face and emotion ». *Journal of personality and social psychology*, 17(2), 124.
  http://www.communicationcache.com/uploads/1/0/8/8/10887248/constants_across_cultures_in_the_face_and_emotion.pdf

FICHE #30
ADOPTEZ LES GESTES QUI PERSUADENT

« Nous répondons aux gestes avec une extrême sensibilité et selon un code qui n'est écrit nulle part, connu de personne, mais compris par tous. » (Sapir, 1949)

La théorie

Il existe des catégories de gestes qui transmettent différents types d'information.

Mon travail de thèse a consisté à étudier comment intervenaient les gestes dans les collaborations : en quoi ils aident à exprimer des idées et à mieux se comprendre. J'ai découvert qu'il existe des *catégories* de gestes. Chacune apporte une couleur spécifique à la communication. C'est ce que j'ai appelé la catégorisation DAMPIm (Lefebvre, 2008).

Tableau 8-1 Types de gestes et fonctions dans la communication

	Type de comportement	Fonction
D	Gestes de pointage	Maintient le référentiel commun
A	Gestes d'auto-contact	Indique un malaise, une situation sociale inconfortable, une tension émotionnelle ou une mise à distance de l'interlocuteur
M	Gestes d'illustration	Donne du sens, illustre
P	Gestes de ponctuation	Rythme le discours et donne du poids à ce qui est dit
I	Orientation de la tête et du buste vers ce qui est dit	S'adresse à un interlocuteur
m	Gestes de manipulation de l'environnement physique ou virtuel	Permet de réaliser la tâche

- **Déictiques**

  Ce sont des gestes de pointage vers un objet ou une personne de l'environnement.

  Ils servent à désigner un objet, une personne, une scène... Ils permettent à la fois le pointage et l'orientation de l'attention.

Figure 8-3 Représentation d'un geste déictique

- **Adaptateurs**

  Ce sont des mouvements d'auto-contact, de grattage... Par exemple, on se touche le bras, on se gratte la tête.

  Les adaptateurs ne sont pas des gestes communicatifs à proprement parler. Ils indiquent un léger malaise chez l'interlocuteur lié à l'effort, la tension émotionnelle ou lors de situations sociales inconfortables. Nous produisons également plus d'adaptateurs lorsque nous sommes trop proches physiquement de notre interlocuteur, comme pour mettre de la distance.

  Nous produisons également plus d'adaptateurs lorsque nous avons besoin de nous isoler un peu de l'interaction sociale, par exemple pour réfléchir.

Figure 8-4 Représentation d'un geste adaptateur

- **Métaphoriques**

  Ils illustrent par analogie une action, un objet, un lieu, un mouvement. Il peut s'agir à la fois de dépeindre des relations spatiales, des actions physiques ou bien une image et son référent (ex. on dit « grand comme ça » et on écarte les mains pour indiquer la dimension de l'objet dont on parle).

  Les métaphoriques servent à donner du sens et à illustrer le contenu verbal (Goldin-Meadow, 1999). Ce sont souvent des gestes interactifs puisque leur usage tend à attirer l'attention des utilisateurs (Ekman & Friesen, 1969). Les métaphoriques entretiennent des rapports de substitution avec la parole (Argentin, 1984), mais ils peuvent également servir à compléter l'énoncé oral en décrivant gestuellement les propriétés physiques ou spatiales d'un objet (lourd, grand, sa forme), ou à illustrer par un geste un objet dont on parle... Ils sont produits consciemment et intentionnellement (Ekman & Friesen, 1969).

Figure 8-5 Représentation d'un geste métaphorique

- **Ponctuateurs**

  Ce sont des gestes de scansion, de ponctuation, qui rythment le discours. Ils sont présents en même temps que le discours.

  Ils entretiennent des rapports de contiguïté avec la parole et sont dépendants du canal verbal (Argentin, 1984). Ils sont largement utilisés lorsqu'il est question d'une intention ou d'une attitude (Masse, 2000). Les ponctuateurs sont beaucoup produits lors de l'expression d'une logique (Masse, 2000).

  Ils servent à accentuer, à attirer et à soutenir l'attention des autres (Goldin-Meadow, 1999).

Figure 8-6 Représentation d'un geste ponctuateur

- **Interacteurs**

  Ce sont les gestes de la main et/ou d'orientation de la tête et/ou du tronc à l'adresse d'autres interlocuteurs. Ces comportements correspondent principalement à l'orientation de la tête vers l'autre.

  Les travaux de Kendon (1967) ont démontré les différents contextes dans lesquels une orientation du regard accompagnée de l'orientation de la tête et du buste se produisait : lorsque l'auditeur écoute son partenaire, ou lorsque le locuteur s'apprête à laisser la parole à l'autre ou bien lorsque les partenaires montrent leurs accords et des signes de compréhension mutuelle.

  Les interacteurs ont principalement une fonction d'adressage. Ils permettent de réguler les tours de parole, de montrer à l'autre son attention et son accord (Kendon, 1967).

Figure 8-7 Représentation d'un interacteur

- **Gestes de manipulation**

  Ce sont les gestes qui manipulent les objets de l'environnement, qu'ils soient physiquement présents ou bien qu'il s'agisse d'un objet de l'écran.

  Ils ont pour fonction de réaliser la tâche.

Figure 8-8 Représentation d'un geste de manipulation

En conclusion, cette typologie distingue les gestes à visée communicative et ceux extra-communicatifs. Aux derniers, on peut ajouter les gestes de manipulation, qui n'ont pas pour objectif de communiquer d'informations, mais qui servent à réaliser la tâche.

Comment l'appliquer ?

Cette typologie de gestes est particulièrement intéressante lorsque l'on présente de la vidéo. Les gestes permettent réellement d'appuyer son discours sans l'alourdir.

Vous voulez convaincre ?

Utilisez les interacteurs pour vous orienter vers votre interlocuteur lorsque vous souhaitez vous adresser directement à lui. La vidéo est un outil puissant : lorsque l'acteur d'une vidéo regarde la caméra, on a l'impression qu'il s'adresse directement à nous.

Servez-vous des gestes de manipulation et des déictiques pour montrer des choses.

Abusez des ponctuateurs pour dynamiser votre discours. Il faut intéresser les auditeurs à poursuivre le cours et les ponctuateurs jouent un rôle clé pour vitaminer la vidéo.

Pour finir, abstenez-vous d'utiliser les adaptateurs. Ils signalent plutôt un repli sur soi. Pourtant, ayant visionné des centaines d'heures de vidéo pour étudier les gestes, j'ai mesuré que ce sont les gestes que nous produisons naturellement le plus. Prêtez donc attention à ne pas les produire lorsque vous tournez une vidéo.

Tous ces conseils sont également valables lorsque vous communiquez en présentiel, notamment lorsque vous faites une présentation. Abusez des gestes communicatifs (ponctuateurs, déictiques, interacteurs et métaphoriques) et vous verrez que votre discours paraîtra plus dynamique et plus intéressant lorsqu'il est accompagné des bons gestes.

À retenir

- Il est intéressant de prendre connaissance de la catégorisation DAMPI (déictiques, adaptateurs, gestes de manipulation, ponctuateurs et interacteurs) car chacun de ces gestes va avoir des rôles différents dans la communication.
- Utilisez les interacteurs pour vous orienter vers votre interlocuteur lorsque vous souhaitez vous adresser directement à lui. La vidéo est un outil puissant : lorsque l'acteur d'une vidéo regarde la caméra, on a l'impression qu'il s'adresse directement à nous.
- Servez-vous des gestes de manipulation et des déictiques pour montrer des choses.
- Illustrez vos propos grâce aux métaphoriques. Votre parole deviendra plus vivante et plus imagée.
- Abusez des ponctuateurs pour dynamiser votre discours.
- Abstenez-vous d'utiliser les adaptateurs.
- Un discours ou une interaction, en vidéo ou en présentiel, paraît plus dynamique et plus intéressant(e) lorsqu'on l'accompagne des bons gestes.

Bibliographie

- Lefebvre, L. (2008). *Les indicateurs non verbaux dans les interactions médiatisées.* Thèse de doctorat, université de Bretagne Sud.
  https://tel.archives-ouvertes.fr/tel-00350409/document

FICHE #31
MANIEZ LA RESSEMBLANCE POUR CRÉER L'ENGOUEMENT

La théorie

Savez-vous que, lors d'un dialogue, nous calquons sur l'autre notre débit de paroles, notre vocabulaire, nos gestes et mimiques ?

C'est ce que l'on appelle la **convergence verbale**. Elle correspond à l'adaptation des comportements linguistiques, paralinguistiques et non verbaux des interlocuteurs, de manière à ce qu'ils convergent entre interlocuteurs (Giles & Ogay, 2007).

Chacun des interlocuteurs adapte ses comportements de manière automatique, sans en avoir conscience. Le but est d'améliorer la qualité de la communication avec les autres, de se mettre « à leur niveau ». Ce phénomène est plus flagrant lorsque l'on observe quelqu'un dialoguer avec un enfant : le rythme et le type de vocabulaire utilisés s'adaptent à l'âge. Toutefois, si vous observez plus finement ces phénomènes autour de vous, vous constaterez que chaque interlocuteur s'adapte aux autres. Si vous adressez la parole à une personne qui parle fort et vite, vous allez automatiquement augmenter votre débit et votre volume de voix.

L'objectif sous-jacent de ce phénomène complètement automatisé est de créer une proximité afin de mieux se comprendre. La convergence verbale permet l'alignement des modèles mentaux des interlocuteurs (Pickering & Garrod 2004). Retrouvez la fiche sur les modèles mentaux (fiche 10).

L'alignement des modèles mentaux des interlocuteurs, dit aussi **alignement interactif**, est un processus actif dans la production et la compréhension des dialogues oraux. Ce processus garantit que les interlocuteurs opèrent des représentations communes.

La convergence verbale fait partie des comportements d'imitation dans les interactions sociales. L'imitation est un phénomène implicite qui atteste de la mise en place et du maintien de la relation interpersonnelle. Elle sert de *glu sociale* et donc à renforcer la relation interpersonnelle.

Les émotions sont également très contagieuses. Il suffit de regarder une photo qui exprime une émotion particulière pour que notre humeur s'en approche, qu'elle soit positive ou négative.

Comment l'appliquer ?

Présentez un compagnon, un assistant ou un conseiller, qui imite l'utilisateur

Si vous utilisez des technologies interactives qui visent la convergence verbale (vitesse d'élocution, volume verbal, prosodie ou imitation non verbale), cet effet sera très puissant.

Vous pouvez également présenter un petit personnage : un compagnon, un assistant ou un conseiller, qui sera dans une certaine mesure une imitation de vos utilisateurs. Il peut être animé, mais l'idée est que vos utilisateurs se reconnaissent dans ce personnage.

Les utilisateurs apprécient que l'ambiance du contexte soit représentée aussi dans le petit personnage qui les accueille ou les guide. Dans une étude de McBreen, Anderson & Jack. (2001), les participants faisaient davantage confiance à un personnage animé qui était habillé de manière formelle pour une application bancaire, alors qu'ils appréciaient davantage un personnage plus décontracté pour la billetterie d'un cinéma.

Induire une humeur chez vos utilisateurs

Vous pouvez très bien induire une humeur particulière chez vos utilisateurs grâce à l'effet d'imitation, en diffusant le type d'émotion que vous souhaitez leur transmettre par une photo ou une vidéo.

Figure 8-9 Exemple d'article présentant une photo qui transmet de la joie et de la détente.
capital.fr

À retenir

- L'imitation agit comme une *glu sociale* pour renforcer la relation interpersonnelle.
- Dans l'interaction, cet effet est très puissant. Utilisez l'imitation pour renforcer les liens avec vos utilisateurs à l'aide de personnages (compagnon, assistant, conseiller) qui imitent ou représentent les utilisateurs.
- Les émotions sont très contagieuses. Alors, induisez une émotion particulière chez vos utilisateurs en proposant des vidéos ou photos qui transmettent des émotions.

Le saviez-vous ?

Cela se passe aux États-Unis. Dans un bar, une serveuse imite les comportements de ses clients une fois sur deux, tout en répétant exactement leur commande :

« Un jus d'orange s'il vous plaît.

– Un jus d'orange. »

Lorsque cette serveuse imite les comportements de ses clients, elle reçoit presque deux fois plus de pourboires. L'imitation entraîne des comportements prosociaux.

Pour plus d'informations, consultez l'étude Van Baaren, Holland, Steenaert & Van Knippenberg (2003).

Bibliographie

- McBreen, H., Anderson, J. & Jack, M. (2001). « Evaluating 3D embodied conversational agents in contrasting VRML retail applications ». *In Proceedings of International Conference on Autonomous Agents Workshop on Multimodal Communication and Context in Embodied Agents*, pp. 83-87.
  https://pdfs.semanticscholar.org/e877/4d561310218e6994b096940b9dc253e7929d.pdf
- Van Baaren, R.B., Holland, R.W., Steenaert, B. & Van Knippenberg, A. (2003). « Mimicry for money : behavioral consequences of imitation ». *Journal of Experimental Social Psychology*, 39(4), 393-398.
  http://j.b.legal.free.fr/Blog/share/M1/Articles%20INC/Mimicry/Mimicry%20for%20money.pdf
- Giles, H. & Ogay, T. (2007). « Communication Accommodation Theory ». In B. B. Whaley & W. Samter (Eds.), *Explaining communication: Contemporary theories and exemplars* (pp. 293-310). Mahwah, NJ, US: Lawrence Erlbaum Associates Publishers.

9 Devenez persuasif

Être persuasif, c'est avant tout être crédible et réellement pertinent pour vos utilisateurs. Il s'agit de leur apporter une vraie valeur. Pour cela, il faut réussir à trouver la manière adéquate de les engager dans l'interaction, de les captiver et finir par les passionner. C'est grâce à une présentation persuasive que j'ai été sensibilisée à la cause des esclaves modernes, grâce à une application que mon oncle a arrêté de fumer, grâce à des courriels qu'une amie s'est enfin décidée à améliorer son anglais.

Aidez vos utilisateurs à réaliser leurs objectifs. Sensibilisez-les à des causes qui vous tiennent à cœur. Engagez-les !

DANS CE CHAPITRE

FICHE #32
RENDEZ VOS INTERFACES CRÉDIBLES

Qu'est-ce qu'un système persuasif ? Nemery, Brangier & Kopp (2009) ont élaboré une grille de douze critères d'analyse des aspects persuasifs ; le premier est la crédibilité.

La théorie

Pour établir la crédibilité d'un système, il s'agit de *« donner assez d'éléments à l'utilisateur afin qu'il puisse identifier la source d'information comme fiable, experte et digne de confiance. »* (Nemery, Brangier & Kopp, 2009).

Pour Negri & Senach (2015), la crédibilité s'acquiert avec le temps, selon quatre étapes :

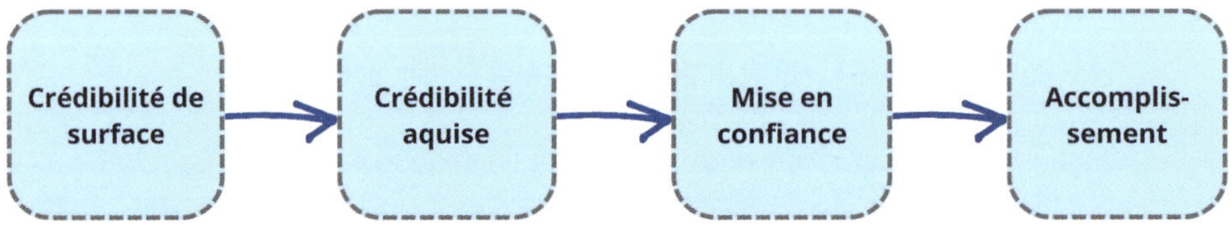

Figure 9-1 Les quatre étapes de la crédibilité selon Negri & Senach (2015)

Pour Fogg (2003), pionnier des systèmes persuasifs, il s'agit de la combinaison entre la « fiabilité perçue » et « l'expertise perçue » du système.

La fiabilité correspond à la délivrance d'informations fidèles à la réalité, justes et impartiales. Il s'agit par exemple de décrire comment fonctionne votre produit plutôt qu'essayer de le rendre attractif par une « mise en scène marketing ».

L'expertise se traduit par la transmission d'informations qui témoignent de connaissances, d'expériences et de compétences. Par exemple, un site web est mis à jour régulièrement et ne présente pas de liens corrompus.

D'autres critères de Fogg viennent appuyer la crédibilité des systèmes :

- crédibilité de surface ;
- crédibilité acquise ;
- mise en confiance et vie privée ;
- réalisme ;
- autorité ;
- tiers de confiance ;
- vérifiabilité ;
- légitimité ;
- accomplissement ;
- perfection.

Comment l'appliquer ?

Voici les définitions et exemples de ces critères participant à l'établissement de la crédibilité d'un service (adapté des traductions de Foulonneau, Calvary & Villain, 2015 et Negri & Senach, 2015).

Crédibilité de surface. C'est la crédibilité perçue dans les premiers moments de l'interaction. Il peut s'agir de l'apparence des interfaces, de la présentation de certificats, de références ou de prestige. Ces informations sont par exemple présentées sous forme de courbes, de chiffres, d'affiliation à des noms prestigieux, à une profession reconnue, par exemple médicale, etc.

Figure 9-2 Logo « élu produit de l'année »

Crédibilité acquise. C'est ce qui renforce la crédibilité au cours du temps. Il s'agit de tout ce qui permet de répondre efficacement et durablement aux attentes des utilisateurs, de commentaires de tiers, de notation, de labels de certification des avis pour quelques exemples.

Mise en confiance et vie privée. Il s'agit de rassurer l'utilisateur quant à l'utilisation de ses données personnelles collectées par le service et de lui garantir la transparence. Cela passe par des explications sur l'usage des données, les intentions du concepteur et les objectifs du service. Ce dernier peut également faire référence à la CNIL, en donnant par exemple le numéro d'enregistrement de la déclaration des données.

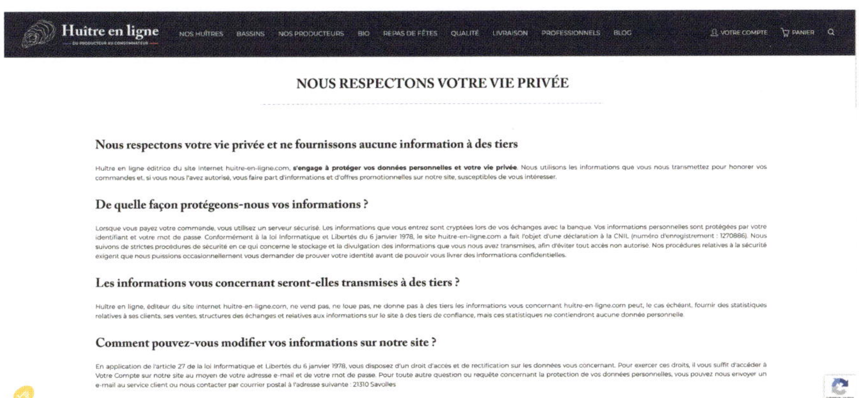

Figure 9-3 Page du site Huître en ligne qui présente ses garanties de la vie privée de ses utilisateurs

Réalisme. Ce qui est perçu par l'utilisateur est réaliste avec les aspects culturels et symboliques de son groupe d'appartenance. Il y reconnaît un environnement, un contexte, une situation familière, réaliste mettant en évidence le caractère pratique, opératoire, efficace, adapté du comportement cible et du message associé. Cela peut être renforcé par la référence à des lieux/situations/événements connus, à un personnage bien identifié ou par des témoignages de personnes du même groupe d'appartenance. Il faut éviter les informations trop génériques.

Autorité. Une institution ou un personnage public reconnu dans le domaine intervient pour soutenir, confirmer, offrir son approbation.

Tiers de confiance. Un réseau, un groupe d'intérêts, une association ou une communauté soutient, confirme, donne son approbation. Par exemple, le site ci-après présente les titres de presse qui l'ont cité. Cela prouve que la presse montre de l'intérêt et ainsi, rend le service légitime.

Figure 9-4 Rubrique « Ils parlent de nous » pour présenter les titres de presse qui parlent du service haircut.com

Vérifiabilité. Le service donne la possibilité aux utilisateurs de vérifier la précision de son contenu : liens vers la source du contenu, simulateurs permettant de vérifier ce qui est annoncé.

Figure 9-5 Avis vérifiable sur un site externe poeles-et-cie.fr/entreprise/services/

Légitimité. Ce sont les éléments qui montrent que le service est légitime : points de réputation, position dominante sur un marché, historique, nombre d'adhérents, etc.

Accomplissement. Les utilisateurs ont la possibilité de constater leurs progrès ou l'atteinte d'un but : historique de progrès, matérialisation d'une distance par rapport à un objectif prédéfini. Les applications pour la course à pied ou l'arrêt du tabac utilisent ce principe afin de motiver leurs utilisateurs.

Perfection. Le système sera perçu comme plus crédible s'il ne contient aucun bogue et ne commet jamais d'erreur (lien mort, réponse inadéquate). Il le sera d'autant plus s'il témoigne des interactions de pertinence, de guidage, de suggestions intéressantes, etc.

Soyez crédible en valorisant votre démarche d'écoconception par Corinne Leulier

Votre organisation communique sur ses engagements en matière de responsabilité sociétale ? Pensez à valoriser les actions que vous avez mises en place pour accroître sa crédibilité (et éviter d'être soupçonné de *greenwashing*) en démontrant que vous cherchez à être meilleur de jour en jour.

Voici cinq actions qui crédibilisent une organisation sur le volet Numérique Responsable :

- Ajouter une page dédiée aux initiatives mises en œuvre pendant la conception et le développement de ces services (voire présenter un manifeste accessible dès la page d'accueil – https://dodonut.com/).
- Afficher les données de consommation en termes d'équivalent CO_2 sur les pages (ex. https://www.licoornes.coop/, site écoconçu pour consommer un minimum de ressources).
- Proposer une version allégée du service numérique (ex. https://lowimpact.organicbasics.com/eur).
- Proposer par défaut une liste de 10 items en laissant la possibilité à l'utilisateur d'en afficher 25, 50 ou 100 selon son besoin (pas de défilement infini).
- Guider l'utilisateur par une sélection d'informations et d'indices gérés localement pour réduire les requêtes au serveur (saisie assistée).

Aucune organisation ne sera 100 % respectueuse de tous les engagements RSE mais, pour être crédible, il est essentiel de montrer aux parties prenantes ce qui est (déjà) bien fait et ce que l'organisation cherche à améliorer (cf. fiche 20).

À lire : le guide en ligne de l'ADEME anti-greenwashing

https://communication-responsable.ademe.fr/antigreenwashing

Figure 9-6 Pied de page du site licoornes.coop

À retenir

- Un service crédible est identifié par ses utilisateurs comme source d'information fiable, experte et digne de confiance.
- La crédibilité peut aussi se définir par la combinaison entre la fiabilité perçue et l'expertise perçue.
- La crédibilité s'acquiert avec le temps.
- Fogg (2003) a listé un ensemble de critères qui viennent appuyer la crédibilité des systèmes : crédibilité de surface, crédibilité acquise, mise en confiance et vie privée, réalisme, autorité, tiers de confiance, vérifiabilité, légitimité, accomplissement et perfection.

Bibliographie

- Foulonneau, A., Calvary, G. & Villain, E. (2015). « État de l'art en conception de systèmes persuasifs ». *Journal d'Interaction Personne-Système* (JIPS), 4(1), 19-47.
  https://hal.archives-ouvertes.fr/hal-01207681/file/2-Foulonneau%26co-19-47.pdf
- Negri, A.L. & Senach, B. (2015). « Systèmes ludo-persuasifs pour la consommation durable ». *Journal d'Interaction Personne-Système* (JIPS), 4(1), 141-162.
  https://hal.archives-ouvertes.fr/hal-01214736/document
- Nemery, A., Brangier, E. & Kopp, S. (2009). *Élaboration d'une grille d'analyse des aspects persuasifs en ergonomie informatique*. Actes du 44e congrès de la Société d'Ergonomie de Langue Française : Ergonomie et organisation du travail. Toulouse, 483-490.
  https://www.researchgate.net/profile/Eric_Brangier/publication/247927749_Proposition_d'une_grille_de_criteres_d'analyse_ergonomiques_des_formes_de_persuasion_interactive/links/0f317537dd46b8bbe6000000/Proposition-dune-grille-de-criteres-danalyse-ergonomiques-des-formes-de-persuasion-interactive.pdf
- Oinas-Kukkonen, H. & Harjumaa, M. (2018). « Persuasive systems design: key issues, process model and system features ». *In Routledge Handbook of Policy Design* (pp. 105-123). Routledge.
  https://aisel.aisnet.org/cgi/viewcontent.cgi?article=3424&context=cais

FICHE #33
AGISSEZ SUR L'AVERSION À LA PERTE

La théorie

À un jeu d'argent, en bourse, ou face à une offre commerciale comme le prix d'un billet d'avion, nous sommes plus sensibles à la perte d'un euro qu'au gain de la même somme. Ce phénomène s'appelle *l'aversion à la perte*. Ce biais cognitif a été mis en évidence par les deux prix Nobel d'économie Kahneman et Tversky en 1979. Ainsi, les gains et les pertes ne seront pas traités comme une même quantité par notre cerveau. Cela affecte nos décisions et nous rend peu rationnels.

Lorsque l'on pense à un gain potentiel, ou lorsque nous l'obtenons, cela active le système de récompense, aussi appelé système hédonique. À l'inverse, lorsque nous pensons à une perte potentielle, ou lorsque nous y faisons face, cela désactive ce système hédonique.

Cela a pour conséquence que, pour accepter de perdre 50 euros, il faut proposer 100 euros de gain potentiel à pile ou face pour qu'une personne accepte de jouer.

Autre constat intéressant, selon Daniel Kahneman, les gens exigent beaucoup plus d'argent pour vendre des objets que la somme qu'ils auraient consenti à payer pour les acquérir.

Point de référence

Comment évaluer s'il s'agit d'une perte ou d'un gain ? Il faut bien entendu pour cela un point de référence, c'est-à-dire une sorte de point de départ du raisonnement. Il s'agit souvent de la situation actuelle, ou de celle dans laquelle on se projette.

Prenons l'exemple d'Antoine. Il souhaite partir à Rome pour les vacances de la Toussaint. Il s'avère qu'Antoine a une amie, Céline, qui est elle-même partie à Rome l'année dernière à la même période. Il lui demande alors à quel prix elle avait trouvé ses billets d'avion. Céline l'informe qu'elle avait payé environ 200 euros aller-retour. Alors, Antoine prend comme point de référence le prix du billet de Céline, soit 200 euros.

Si maintenant il ne trouve que des billets à 250 euros minimum, il aura l'impression de subir une perte par rapport à la situation de référence. Si, à l'inverse, il trouve un aller-retour à 150 euros, alors il aura l'impression d'avoir obtenu un gain.

Cette aversion à la perte fonctionne aussi pour d'autres critères que le prix : par exemple, si vous êtes habitué à une qualité de service dans un commerce et si celle-ci diminue à la faveur d'un changement de propriétaire, vous aurez l'impression d'avoir subi une perte.

Comment l'appliquer ?

Cette théorie nous intéresse dans la mesure où elle montre en quoi la manière dont nous proposons des choix possibles à nos utilisateurs va affecter leurs décisions.

Les utilisateurs vont réagir de manière différente selon qu'une situation leur est présentée comme un gain ou une perte : ils seront plus sensibles à ce que vous pourriez leur « retirer » qu'à ce que vous pourriez leur offrir en plus.

Si vous cherchez à fixer un prix à vos produits ou services, voici deux conseils prodigués par Corina Paraschiv et Olivier L'Haridon (HEC, Haute école de commerce) :

- Comme les consommateurs sont plus sensibles à une augmentation du prix (perte) qu'à une baisse (gain) de même amplitude, apportez une importance toute particulière aux variations de prix. Si vous devez augmenter vos prix, il vaut mieux en expliquer les raisons, par exemple une augmentation des coûts de production. Cette augmentation sera alors moins mal perçue par les consommateurs.
- Essayez de pratiquer une certaine stabilité des prix. En effet, comme les consommateurs sont plus sensibles aux pertes, dès que vous augmentez vos prix, vous perdez des points en quelque sorte, mais que vous ne compenserez pas avec les « points gagnés » lors des baisses de prix.

Nous l'avons vu, les personnes se positionnent par rapport à une situation de référence. Il est donc intéressant pour nous, designers UX, d'étudier ce qu'est cette dernière. Il peut s'agir bien sûr du prix, mais aussi de la qualité, du délai de traitement d'une demande, du type de relation client, le confort ou la sécurité, etc. Sachez donc avec précision ce que vos utilisateurs attendent du service que vous leur proposez, qu'il soit commercial ou non.

À retenir

- Les gains et les pertes ne sont pas traités de la même manière : nous sommes plus sensibles à la perte d'un euro qu'au gain de la même somme.
- Pour estimer un changement comme étant une perte ou un gain, nous nous forgeons une référence, qui constitue le point de départ de notre raisonnement.
- Cela se traduit par une situation de référence à laquelle les utilisateurs s'attachent : prix, qualité, délai de traitement d'une demande, type de relation client, confort ou sécurité, etc.
- Il est essentiel de connaître cette situation de référence.

Le saviez-vous ?

Dans l'immobilier, on observe ce biais de l'aversion aux pertes et cela se traduit par ce qu'on appelle « l'effet cliquet ». Lorsque le marché est à la hausse, les prix des biens augmentent rapidement mais, à l'inverse, lorsque le marché est à la baisse, on observe une résistance à la baisse des prix. En effet, les propriétaires fonciers renâclent à ajuster à la baisse le prix de leurs biens en vente.

Ce phénomène provoque une baisse des transactions et une résistance des prix à la baisse. Le marché de l'immobilier se crispe alors puisque les acheteurs attendent que les prix baissent pour acheter et les vendeurs misent sur une reprise à la hausse.

Cet effet cliquet trouve son explication dans ce biais d'aversion aux pertes.

Bibliographie

- Kahneman, D. & Tversky, A. (1979). « Prospect theory : an analysis of decision under risk », *Econometrica*, 47 (2), 263-91.
- L'Haridon, O. & Paraschiv, C. (2009). « Point de référence et aversion aux pertes : quel intérêt pour les gestionnaires ? » *In Annales des Mines-Gérer et comprendre* (No. 3, pp. 60-69).
  http://www.annales.org/gc/2009/gc97/lharidon.pdf

En savoir plus

- Vidéo YouTube issue de la chaîne Science étonnante sur les pertes, dotations et références
  https://www.youtube.com/watch?v=9AJHdGcyqh8

FICHE #34
RECOUREZ À LA GAMIFICATION POUR ENGAGER VOS UTILISATEURS

Fiche co-écrite avec **Alexandre Duarte**

La théorie

Vous avez certainement déjà vécu une expérience gamifiée si vous utilisez des applications comme Waze pour vous guider à travers les bouchons, LinkedIn pour échanger avec des professionnels ou Duolingo pour apprendre une nouvelle langue.

La gamification est une méthode de conception qui consiste à appliquer des mécanismes de jeux à un processus, une application, une situation, afin d'atteindre des objectifs spécifiques[1].

Les barres de progression, les statuts et autres mécanismes inspirés des jeux sont conçus pour créer une expérience engageante pour les utilisateurs d'un système ou d'un service.

Ces objectifs sont divers : fidéliser les utilisateurs d'une application, mieux accueillir les nouveaux collaborateurs (onboarding), sensibiliser les citoyens à une conduite plus écoresponsable, favoriser l'attention des apprenants, etc. Tous peuvent cependant être rattachés à une notion d'engagement.

> La gamification est une méthode pour générer de l'engagement.

Les neuf leviers d'engagement

Pour décider plus facilement quels mécanismes de gamification employer, vous pouvez vous servir de modèles comme les neuf leviers d'engagement (Alexandre Duarte).

Ces leviers sont destinés à faciliter la conception de votre stratégie d'engagement. Ils sont inspirés de différentes théories sur les comportements et la motivation (théorie de l'autodétermination, modèle de Fogg, biais cognitifs, etc.) pour vous aider à identifier les meilleures stratégies pour votre projet.

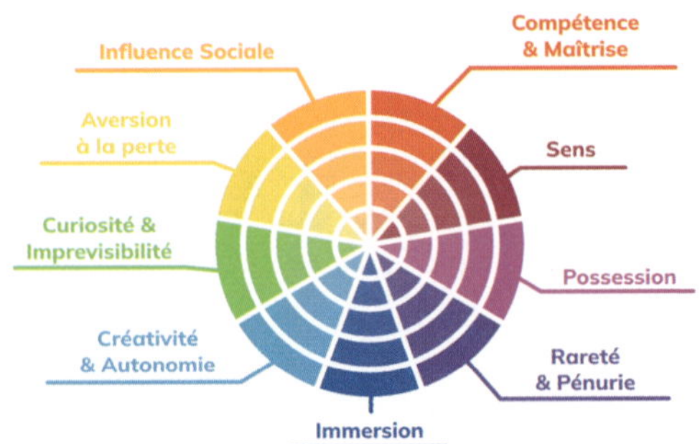

Figure 9-7 Schéma des neuf leviers d'engagement

1. Définition issue de Duarte, A. & Bru, S. (2021). *La boîte à outils de la gamification*. Dunod.

Voici une rapide présentation des neuf leviers d'engagement :

- **influence sociale** : désir d'être connecté aux autres, de collaborer, d'échanger ;
- **aversion à la perte** : peur de passer à côté d'une opportunité, de perdre quelque chose d'acquis ;
- **compétence et maîtrise** : besoin de s'améliorer, de se dépasser ;
- **sens** : volonté de faire partie de quelque chose de plus grand que soi, quelque chose qui nous dépasse, de donner un sens à nos actions ;
- **curiosité et imprévisibilité** : envie de découvrir de nouvelles choses, d'être surpris, de ne pas savoir ce qui va se produire par la suite ;
- **possession** : envie de posséder des objets réels ou virtuels, de les voir s'améliorer mais aussi de les collectionner ;
- **immersion** : besoin de s'immerger et de se projeter dans un autre monde ;
- **rareté et pénurie** : sentiment que ce qui est rare a de la valeur ;
- **créativité et autonomie** : souhait d'exprimer ses choix et d'affirmer sa personnalité.

Maintenant, demandez-vous lesquels vont être utiles pour vous. Ensuite, appliquez la démarche de gamification.

Comment l'appliquer ?

La gamification s'inspire notamment de l'UX design ; vous retrouverez donc des étapes clés qui vous sont familières :

1. Bien définir ses objectifs de gamification.
2. Comprendre ce qui motive ou démotive ses utilisateurs.
3. Générer des idées de gamification pertinentes pour son projet et ses utilisateurs (voir ci-après).
4. Prototyper (voir ci-après) et tester sa stratégie de gamification.
5. Réitérer jusqu'à ce que le résultat soit satisfaisant.

Prototyper une boucle d'engagement

Pour commencer à gamifier son projet, la boucle d'engagement est généralement une bonne idée, car c'est à la fois une étape importante pour engager dans la durée et un élément délimité dans votre expérience globale.

La boucle d'engagement est un concept qui permet de créer les conditions idéales pour rendre votre produit engageant auprès de votre public cible. Constituée de quatre étapes qui se répètent, elle va devenir le moteur de la gamification de votre produit :

1. Les **déclencheurs** initient le comportement souhaité.

2. L'**activité plaisante et répétable** est le cœur de la boucle d'engagement apportant de la valeur à votre utilisateur.
3. Les **feedbacks** proposent un retour d'information à votre utilisateur suite à l'action effectuée.
4. La **progression** et l'**investissement** : en passant à l'action, votre utilisateur progresse et s'investit davantage dans votre produit, ce qui le rend plus sensible au prochain déclencheur pour activer la boucle à nouveau.

Générer des idées de gamification pertinentes

Pour s'y retrouver parmi toutes les techniques de gamification, vous pouvez utiliser les Gamifi'cartes[2], un jeu de cartes contenant 90 mécanismes de gamification avec des astuces sur la façon de les intégrer efficacement dans vos projets. Vous pouvez tester gratuitement 18 cartes.

En phase de génération d'idées, les Gamifi'cartes aident à trouver la meilleure technique de gamification pour votre parcours, à utiliser en atelier ou en phase de design.

Figure 9-8 Illustration de la manière dont les Gamifi'cartes peuvent servir en atelier de conception

Voici un exemple concret de l'application de ces cartes. L'entreprise d'échanges de vêtements Greendy Pact a mis en place un système de niveaux et de points d'expérience pour illustrer la progression de l'impact environnemental évité par ses clientes. À chaque échange de vêtement, selon la quantité d'eau qui aurait été dépensée pour produire ce dernier, la cliente gagne des points d'expérience sous forme de gouttes d'eau. Greendy Pact propose des récompenses différentes que les utilisatrices peuvent choisir lorsqu'elles gagnent un niveau et la boutique renforce le sentiment de contribuer à une cause qui en vaut la peine en communiquant tous les mois sur l'impact global de toutes les utilisatrices.

2. Les Gamifi'cartes sont disponibles sur https://fidbak.io/ressources-gamification/gamificartes/

Un même objectif, deux partis pris différents

La gamification peut prendre de nombreuses formes : vaut-il mieux mettre un classement et des défis ou intégrer de la narration et des éléments de surprise ?

C'est la question à laquelle ont dû répondre toutes les applications de *running* qui veulent fidéliser leurs utilisateurs. Nike+ a décidé de privilégier l'esprit de compétition et de dépassement de soi de ses utilisateurs, des sportifs à la recherche de sensations fortes (figure 9-10).

Figure 9-9 Une Gamifi'carte

Se dépasser : fixer son propre objectif, améliorer son score, être en compétition avec soi-même

Classement : se comparer au meilleur ou à ses connaissances

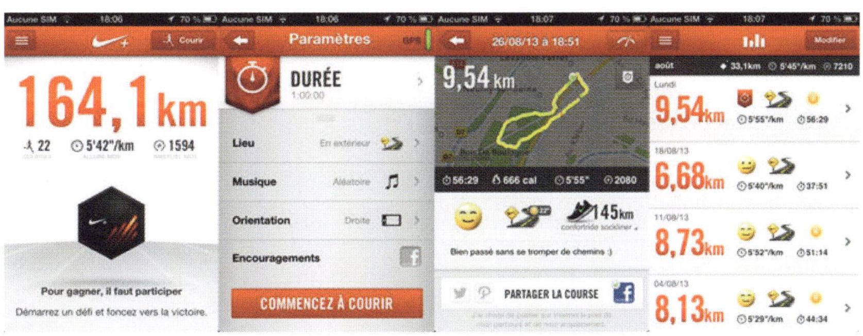

Figure 9-10 Copies d'écran de l'application Nike +

Par contraste, l'appli Zombies, Run! s'adresse à un public différent en lui proposant de s'immerger dans des histoires de zombies et d'avancer dans l'intrigue au fur et à mesure des sessions de courses (figure 9-11).

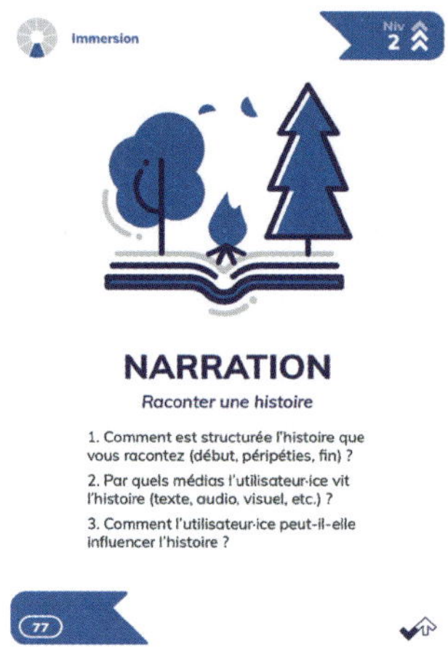

Narration : raconter une histoire

Mystères : attiser la curiosité en créant des énigmes, des rumeurs, des indices

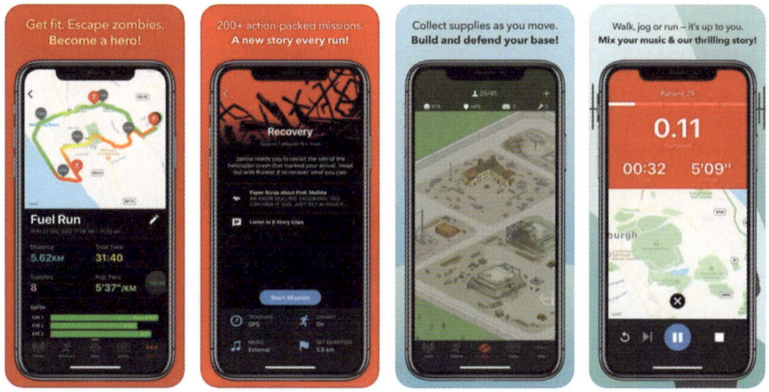

Figure 9-11 Copies d'écran de l'application Zombies, Run!

À retenir

- La gamification permet de générer de l'engagement.
- On peut modéliser l'engagement de l'utilisateur grâce aux neuf leviers d'engagement.
- Pour bien gamifier un service, on utilise bien évidemment la démarche de l'UX design ainsi que les quatre étapes pour créer une boucle d'engagement.
- En phase de génération d'idées, les Gamifi'cartes aident à trouver la meilleure technique de gamification pour votre parcours.
- Les différentes techniques de gamification conduisent à créer des expériences différentes.

Bibliographie

- Duarte, A. & Bru, S. (2021). *La boîte à outils de la gamification*. Dunod.
- Les Gamifi'cartes sont disponibles sur https://fidbak.io/ressources-gamification/gamificartes/.
- Une base d'exemples de gamification est disponible sur https://fidbak.io/ressources-gamification/base-de-donnees-dexemples-de-gamification/.

Alexandre Duarte est passionné de gamification depuis des années. Il a co-fondé l'agence Fidbak. Il est également co-auteur de *La boîte à outils de la gamification* chez Dunod et créateur des Gamifi'cartes.

FICHE #35
SUIVEZ LES HUIT ÉTAPES POUR UN DESIGN PERSUASIF

Un design persuasif sait faire évoluer les comportements des utilisateurs (santé, politique, environnement, etc.) en utilisant une technologie persuasive.

La théorie

Il n'existe pas de « recette toute faite ». À l'instar de l'*utilisabilité*, il faut adapter son design au contexte, aux utilisateurs et au domaine d'application.

Les huit étapes du *design* persuasif ont été proposées dans un article datant de 2009, par Fogg.

Tout d'abord, il constate que, souvent, les équipes sont trop ambitieuses et choisissent un angle d'intervention trop large (faire perdre du poids, arrêter de fumer, inverser la tendance au réchauffement climatique), mais sous-estiment les facteurs extérieurs (médias, lobbies, politique, quotidien). Fogg constate que beaucoup de projets échouent pour ces raisons. Les projets ambitieux qui fonctionnent sont ceux qui se sont fondés à partir de petits projets, dont les succès étaient mesurables.

La première étape consistera donc à restreindre ses ambitions à des objectifs atteignables.

Les huit étapes

Ce processus en huit étapes est conçu comme un cadre non rigide permettant de se fixer des sous-objectifs pour avancer plus efficacement. Il est possible de ne pas suivre les étapes dans l'ordre. Par ailleurs, certaines étapes peuvent être avancées en parallèle (1 et 2, 5 et 6).

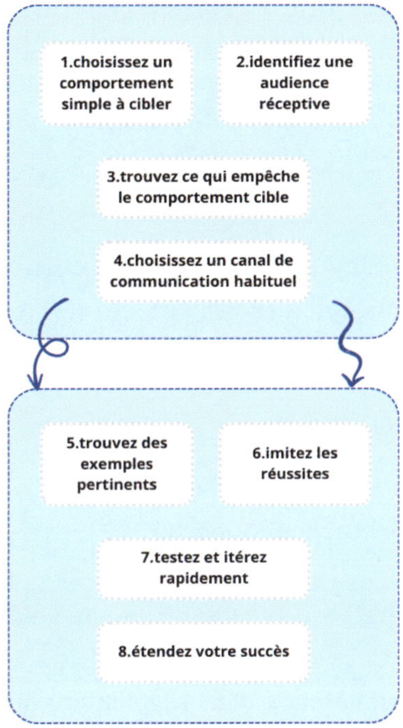

Figure 9-12 Schéma des huit étapes de design persuasif (notre traduction) Fogg (2009)

Étape 1. Choisissez un comportement simple à cibler

Vous souhaitez faire changer un comportement chez vos utilisateurs, très bien. Encore faut-il déterminer lequel exactement vous voulez modifier. Identifiez le plus petit dénominateur : le comportement le plus simple et le plus petit possible.

- soit une première étape vers le déclenchement du comportement cible, par exemple visionner une vidéo et prendre conscience qu'il faut effectuer un dépistage de santé ;
- soit un ensemble de comportements qui apporteront le changement, par exemple prendre l'habitude d'utiliser des serviettes de table lavables plutôt que jetables est une petite action parmi un ensemble d'habitudes qui concourent à la réduction des déchets.

Adopter un comportement simple et facile à mettre en place mène souvent à de plus grands engagements ultérieurement. Il existe de nombreuses études sur le sujet.

Pour Fogg, cette première étape est la plus importante, mais elle n'est pas aussi simple qu'elle n'y paraît.

Dans certains cas, c'est l'audience visée qui détermine le comportement cible.

Étape 2. Identifiez une audience réceptive

Il s'agit de bien identifier les utilisateurs qui seront réceptifs au changement de comportement. Il n'est pas nécessaire qu'ils soient *a priori* convaincus, mais il faut identifier quels comportements ils sont susceptibles de faire évoluer.

Enfin, choisissez des personnes qui aiment essayer de nouvelles choses ou se lancer des défis.

Étape 3. Trouvez ce qui empêche le comportement cible

Fogg a conçu un modèle des facteurs qui influencent le comportement (fiche 25). En accord avec ce modèle, identifiez ce qui empêche le comportement cible d'être actuellement émis selon ces trois facteurs :

- manque de motivation ;
- manque de compétences, de capacités ;
- ou manque de déclencheur opportun.

Lorsque vous avez identifié le facteur manquant, faites-en un levier pour convaincre. Si vous avez bien restreint votre cible en amont, vous serez cohérent et donc plus pertinent dans la persuasion.

S'il n'existe pas de cohérence, alors segmentez votre audience cible.

Étape 4. Choisissez un canal de communication habituel

Ensuite, il faut que l'audience cible soit familière du canal de communication choisi. Le (ou les bons) choix du canal dépend des trois étapes précédentes, qui doivent donc avoir été déjà identifiées : courriel, réseaux sociaux (Facebook, LinkedIn), application mobile, Web, YouTube, plate-forme de jeu, etc.

Notez que, généralement, ces quatre premières étapes sont réalisées dans l'ordre défini, mais il arrive qu'il soit nécessaire de les intervertir.

Étape 5. Trouvez des exemples pertinents

Observez ce qui se fait dans votre domaine, ou avec une cible similaire à la vôtre. Étudiez comment ces marques, ces institutions ou ces personnes se font connaître : font-elles des campagnes de diffusion par courriel ? Ont-elles des YouTubeurs comme ambassadeurs ? Organisent-elles des événements particuliers ?

Les stratégies qui perdurent dans le temps ont de grandes chances de fonctionner. Alors plutôt que d'essayer différentes techniques par essais/erreurs, qui au final risquent de vous coûter très cher en temps, énergie et argent, prenez exemple sur les succès des autres.

Vous ne trouverez peut-être pas un exemple qui colle tout à fait à votre problématique, mais plusieurs : l'un peut correspondre à votre cible mais pas à votre objectif. Réalisez une veille et faites ensuite la part des choses.

Fogg conseille d'examiner neuf exemples :

- trois qui visent un comportement similaire ;
- trois qui ont la même audience ;
- et trois qui utilisent le même canal.

Ainsi, cela vous offrira une palette de solutions.

Étape 6. Imitez des réussites

Une fois les exemples à suivre trouvés, il ne vous reste plus qu'à imiter ce qui fonctionne. Attention, il faut avoir bien étudié « l'ingrédient secret » qui fait que ça fonctionne. Pour cela, nous dit Fogg, il ne suffit pas d'utiliser les bonnes couleurs ou le bon graphisme, mais plutôt d'avoir des connaissances en psychologie (ce qui est maintenant votre cas suite à la lecture de ce livre), ainsi que les bonnes intuitions.

Pour vous aider, appuyez-vous sur l'étape 3 *(« trouvez ce qui empêche le comportement cible »)* :

- Quel est l'exemple réussi pour obtenir un changement de comportement ?
- Est-ce motivant ?
- Existe-t-il les capacités correspondantes ?
- Quel est le déclencheur du comportement ?

Imitez, tout en adaptant, ce qui fonctionne chez les autres et veillez bien à identifier cet *ingrédient secret*.

Étape 7. Testez et itérez rapidement

Cette étape est incontournable. Il s'agit de tester rapidement et de manière itérative différentes expériences persuasives. L'idéal est de mesurer le changement comportemental. Il ne s'agit pas de mettre en place un véritable test utilisateur ou bien une étude scientifique, mais d'observer ce qui fonctionne.

Étape 8. Étendez votre succès

Lorsque vous arriverez à faire produire un comportement à vos utilisateurs, alors réutilisez la recette pour l'appliquer à un autre objectif, plus difficile à atteindre, ou bien l'étendre à un second changement de comportement. Par exemple, vous avez réussi à proposer un défi zéro déchets qui a fonctionné pour limiter les déchets dans la cuisine. Alors, vous en proposez un autre sur la thématique de la salle de bains.

Comment l'appliquer ?

Maintenant que vous avez bien compris comment ces huit étapes se décomposent, reprenons chaque étape avec des exemples.

Étape 1. Choisissez un comportement simple à cibler

Vous travaillez pour une mutuelle santé, qui s'est donné pour objectif de réduire le niveau de stress de ses affiliés. Le domaine est très vaste et il y aurait mille projets à mener. Vous pouvez décider de restreindre le comportement à proposer : 20 secondes d'étirements chaque jour par exemple. Cela sera plus facile à réaliser que de rester sur des objectifs trop généraux. Il faut considérer cette étape comme un premier pas à franchir qui sera suivi par d'autres sur le chemin de votre objectif global.

Étape 2. Identifiez une audience réceptive

Comme pour l'étape 1, il s'agit de ne pas être trop généraliste dans l'identification de votre audience. Si, par exemple, vous souhaitez aider les joueurs compulsifs à arrêter de jouer, l'audience est trop large et vous aurez du mal à trouver les leviers pertinents.

Vous pouvez, en revanche, inciter des personnes à passer plus de temps à cuisiner, si elles sont déjà convaincues qu'il est important de bien manger et que cela passe par le fait de cuisiner soi-même ses plats.

Étape 3. Trouvez ce qui empêche le comportement cible

Vous êtes un vendeur de couches lavables et vous souhaitez convaincre davantage de parents à abandonner les couches jetables. Choisissez un comportement spécifique (par exemple faire adopter les couches lavables lorsque l'enfant est avec les parents le week-end) et une audience cible (parents sensibles aux arguments écologiques, souhaitant réaliser des économies et travaillant tous les deux à plein temps en semaine).

Réalisez une étude afin de connaître les facteurs qui empêchent ces parents d'utiliser des couches lavables.

Tableau 9-1 Exemple d'application des trois facteurs (motivation, capacités et déclencheur)

	Absente	Présente
Motivation	Les parents ne sont pas convaincus par l'argument écologique, ils pensent que les couches lavables utilisent beaucoup trop d'eau.	Ces parents sont convaincus qu'utiliser des couches lavables est une bonne chose pour l'environnement et pour leur portefeuille.
Capacités	Ils n'ont pas les connaissances suffisantes pour se sentir à l'aise avec le fait d'utiliser des couches lavables.	Ils ont toutes les connaissances pour démarrer avec les couches lavables.
Déclencheur	Ils n'ont pas eu l'occasion d'en acheter dans les magasins qu'ils fréquentent habituellement.	Ils sont régulièrement sollicités pour faire un essai.

Bien entendu, entre manque de motivation et forte motivation, il existe toute une palette. Il vous appartient de jauger dans quelle fourchette se situe votre cible.

Si ces parents manquent de motivation, travaillez davantage sur les arguments auxquels ils seront sensibles (moins de déchets, moins d'énergie pour la fabrication, plus durable, moins cher). S'ils manquent de capacités, veillez à les aider sur tout ce qu'ils doivent savoir pour devenir des pros de la couche lavable.

Si votre cible manque de déclencheur, il vous suffira de proposer des occasions d'essayer ou d'acheter des couches lavables.

Étape 4. Choisissez un canal de communication habituel

Conservons l'exemple précédent. Vous avez identifié votre cible précisément et vous savez que, pour la plupart, les personnes que vous visez sont inscrites à des groupes Facebook d'échanges entre parents de bébés. Dans ce cadre, vous pouvez alors utiliser ces groupes pour communiquer efficacement.

Étapes 5 et 6. Trouvez des exemples pertinents et imitez des réussites

Réalisez à ces étapes une veille d'usage de services qui ont des points communs avec les vôtres. De manière schématique, trouvez a minima :

- trois exemples qui incitent les parents à utiliser des couches lavables ;
- trois exemples qui ont la même audience : des parents sensibles aux arguments écologiques, travaillant tous les deux à plein temps en semaine ;
- et trois exemples qui utilisent le même canal, c'est-à-dire les groupes Facebook, pour faire la promotion d'une pratique.

Vous pouvez également trouver l'inspiration dans des usages très différents des vôtres. Par exemple, tout le monde connaît les « réunions Tupperware » où des consommateurs se réunissent dans le cadre familial pour faire la promotion des produits de la marque. Pourquoi ne pas imaginer la même chose pour inciter les parents à utiliser les couches lavables ?

Étape 7. Testez et itérez rapidement

Il existe plusieurs manières de procéder. Si vous avez déjà un panel d'utilisateurs cibles, alors il sera facile de mettre en place des tests rapides. N'oubliez pas, lorsque cela est possible, de mesurer le changement comportemental et pas simplement le déclaratif (ce que les gens en disent), car il y a souvent de la distance entre les deux :

- tests en condition réelle durant un laps de temps imparti, par exemple une campagne Facebook ;
- mini-tests utilisateurs ;
- tests A/B. Il s'agit de proposer, sur un site par exemple, plusieurs versions d'un formulaire, d'un texte de présentation ou autre, et de mesurer ce qui engage le mieux les utilisateurs. Par exemple, 26 % ont complété le formulaire dans la condition A et 45 % dans la condition B. Le lien ci-après donne un exemple de deux versions de la recherche d'hôtel sur Booking :

  https://goodui.org/leaks/booking.com-ab-tested-single-vs-multiple-line-search-forms/

Figure 9-13 Exemple de test A/B pour deux interfaces de recherche d'hôtel
goodui.org

Étape 8. Étendez votre succès

Il ne vous reste plus qu'à vous fixer un autre objectif !

À retenir

- Un *design* persuasif est capable de faire évoluer des comportements chez les utilisateurs en utilisant une technologie persuasive.
- Les huit étapes à suivre ont été proposées par Fogg :
  - choisissez un comportement simple à cibler ;
  - identifiez une audience réceptive ;
  - trouvez ce qui empêche le comportement cible ;
  - choisissez un canal de communication habituel ;
  - trouvez des exemples pertinents de technologie persuasive ;
  - imitez des réussites ;
  - testez et itérez rapidement ;
  - étendez votre succès.

Bibliographie

- Fogg, B.J. (avril 2009). *Creating persuasive technologies : an eight-step design process*. In Proceedings of the 4th international conference on persuasive technology, p. 44, ACM.
  http://collinglennsmith.com/wp-content/uploads/2012/04/a44fogg.pdf

En savoir plus

- Joule, R.V., Beauvois, J.L. & Deschamps, J.C. (2002). *Petit traité de manipulation à l'usage des honnêtes gens*.
- Lallemand, C. & Gronier, G. (2018). *Méthodes de design UX : 30 méthodes fondamentales pour concevoir et évaluer les systèmes interactifs*, 2e édition, Éditions Eyrolles.

Conclusion

Être au clair avec les processus psychiques humains fondamentaux aide à proposer des designs plus respectueux des capacités cognitives humaines.

Or aujourd'hui, dans un monde hyper connecté, nous avons cruellement besoin de mieux respecter la cognition de nos utilisateurs. Combien de fois vous arrive-t-il par jour ou par semaine d'être heurté par un site, un logiciel, un service vocal, qui vous propose une expérience désastreuse ? En plus d'avoir perdu votre temps, vous avez l'impression de ne pas avoir été respecté. Vous avez dû vous plier à comprendre la logique que les concepteurs vous proposaient plutôt qu'à vous laisser guider en interagissant naturellement et de manière fluide.

En tant que professionnelle du design UX, je trouve ces situations toujours insupportables, car je sais que les erreurs sont en grande majorité évitables en réfléchissant à la manière dont on présente les informations. Les systèmes sont pour la plupart mal conçus.

Pourquoi ? Parce que les concepteurs sont ignorants des principes fondamentaux que je décris dans ce livre. On conçoit un système technique sans penser à son usage, ou alors de manière très superficielle.

J'espère qu'à l'avenir nous aurons une meilleure conscience collective des enjeux d'un design UX pensé pour les usages spécifiques auxquels il est destiné.

N'y voyons pas là une simple question de confort pour les utilisateurs. Non, derrière les choix de conception se cachent des enjeux bien plus vastes. Certains designs excluent une frange de la population. D'autres entravent en forçant leurs utilisateurs à s'adapter à la logique préconçue par les concepteurs. C'est la technologie qui doit s'adapter à l'humain et non l'inverse.

Or, en ne prenant pas en compte les véritables besoins de nos utilisateurs, peu à peu, nous construisons un monde où la technique décide pour nous, où tout devient complexe et coûteux en ressources cognitives.

Voilà les véritables enjeux cachés du développement du design UX. Conscients des processus psychologiques en jeu chez vos utilisateurs, vous pourrez concevoir des solutions plus respectueuses des usages.

Je terminerai en rebouclant sur la méthodologie fondamentale : la conception centrée utilisateur. Connaître les principes décrits dans ce livre ne suffit pas, il nous faut sans cesse observer notre cible, réaliser des tests utilisateurs ou des enquêtes de terrain, afin d'être au plus proche des usages réels.

Ce n'est que dans ce double mouvement, (1) connaissance des principes psychologiques en jeu et (2) observation des usages réels, que naîtra l'alchimie d'une expérience utilisateur satisfaisante.

Vous qui empruntez cette quête de l'expérience optimale, je vous souhaite un chemin exaltant.

Index

A

B

C

E

IMPRIM'VERT®

Imprimé en France par Sepec - 21682231220

Dépôt légal : mars 2023

Cet ouvrage est imprimé sur du papier offset 90 g, papier issu de forêts gérées durablement.